Éphrem Dannon

Parole de Dieu à l'homme

Éphrem Dannon

Parole de Dieu à l'homme

Homélies Années B et C

Éditions Croix du Salut

Impressum / Mentions légales
Bibliografische Information der Deutschen Nationalbibliothek: Die Deutsche Nationalbibliothek verzeichnet diese Publikation in der Deutschen Nationalbibliografie; detaillierte bibliografische Daten sind im Internet über http://dnb.d-nb.de abrufbar.
Alle in diesem Buch genannten Marken und Produktnamen unterliegen warenzeichen-, marken- oder patentrechtlichem Schutz bzw. sind Warenzeichen oder eingetragene Warenzeichen der jeweiligen Inhaber. Die Wiedergabe von Marken, Produktnamen, Gebrauchsnamen, Handelsnamen, Warenbezeichnungen u.s.w. in diesem Werk berechtigt auch ohne besondere Kennzeichnung nicht zu der Annahme, dass solche Namen im Sinne der Warenzeichen- und Markenschutzgesetzgebung als frei zu betrachten wären und daher von jedermann benutzt werden dürften.

Information bibliographique publiée par la Deutsche Nationalbibliothek: La Deutsche Nationalbibliothek inscrit cette publication à la Deutsche Nationalbibliografie; des données bibliographiques détaillées sont disponibles sur internet à l'adresse http://dnb.d-nb.de.
Toutes marques et noms de produits mentionnés dans ce livre demeurent sous la protection des marques, des marques déposées et des brevets, et sont des marques ou des marques déposées de leurs détenteurs respectifs. L'utilisation des marques, noms de produits, noms communs, noms commerciaux, descriptions de produits, etc, même sans qu'ils soient mentionnés de façon particulière dans ce livre ne signifie en aucune façon que ces noms peuvent être utilisés sans restriction à l'égard de la législation pour la protection des marques et des marques déposées et pourraient donc être utilisés par quiconque.

Coverbild / Photo de couverture: www.ingimage.com

Verlag / Editeur:
Éditions Croix du Salut
ist ein Imprint der / est une marque déposée de
OmniScriptum GmbH & Co. KG
Heinrich-Böcking-Str. 6-8, 66121 Saarbrücken, Deutschland / Allemagne
Email: info@editions-croix.com

Herstellung: siehe letzte Seite /
Impression: voir la dernière page
ISBN: 978-3-8416-1958-7

Copyright / Droit d'auteur © 2015 OmniScriptum GmbH & Co. KG
Alle Rechte vorbehalten. / Tous droits réservés. Saarbrücken 2015

Sommaire

Homélies (Année B) 3

Lundi de la 2ème semaine de l'Avent... 4
Mardi de la 2ème semaine de l'Avent... 4
Mercredi de la 2ème semaine de l'Avent 5
Samedi de la 2ème semaine de l'Avent B... 6
3ème dimanche ordinaire 7
Samedi de la 3ème semaine ordinaire... 9
Lundi de la 5ème semaine de Carême... 10
Mardi de la 5ème semaine de Carême... 11
Mercredi de la 5ème semaine de Carême.. 11
Mercredi de la 5ème semaine de Carême.. 12
Samedi de la 5ème semaine de Carême... 13
Veillée pascale 14
6me dimanche de Pâques... 16
Lundi de la 6ème semaine de Pâque.. 17
Mardi de la 6ème semaine de Pâque 18
Mercredi de La 6ème semaine pascale 19
Ascension du Seigneur... 20
Samedi de La 6ème semaine pascale 21

Homélies (Année C) 24

Homélie du premier Dimanche de l'Avent... 25
3ème semaine de l'Avent : 17 décembre.. 27
3ème semaine de l'Avent : 18 décembre.. 28
3ème semaine de l'Avent : 19 décembre.. 28
3ème semaine de l'Avent : 20 décembre.. 29
3ème semaine de l'Avent : 21 décembre.. 30
6ème Dimanche de Pâques 31

- *11ᵉᵐᵉ Dimanche du Temps Ordinaire* *33*
- *5ᵉᵐᵉ Cinquième dimanche ordinaire* *35*
- *2ᵉᵐᵉ dimanche de carême* *37*
- *Dimanche des rameaux et de la passion* *39*
- *Mardi saint* *41*
- *28ᵉᵐᵉ Dimanche ordinaire* *42*
- *31ᵉᵐᵉ Dimanche ordinaire* *43*
- *1ᵉʳ novembre : Toussaint* *45*
- *2 novembre : commémoration des fidèles défunts* *46*
- *Jeudi de la 31ᵉᵐᵉ semaine ordinaire* *48*
- *Mardi de la 33ᵉᵐᵉ semaine ordinaire* *49*
- *Mercredi de la 33ᵉᵐᵉ semaine ordinaire* *50*
- *Jeudi de la33ᵉᵐᵉ semaine* *51*

Homélies (Année B)

La consigne '**Homélies – Année**' revient par la suite deux fois : une fois pour marquer les homélies de l'année B et une autre fois pour celles de l'année C. Le lecteur est invité à s'apercevoir qu'il s'agit d'homélies rédigées non pas pour tous les jours de la semaine et pour tous les dimanches de l'année liturgique mais seulement pour les jours de la semaine et pour les dimanches indiqués et qu'il découvre en ouvrant les pages.

Le contenu de chaque texte respecte les principes de base d'une homélie à savoir : *que dit la parole de Dieu ? ; que dit-elle dit au prédicateur ; que peut en dire le prédicateur au peuple de Dieu ?*.

Sur la base de la triple consigne, ont été rédigées les homélies que comporte le présent ouvrage.

Il est particulier non seulement parce que les homélies ont été faites dans le cadre de la formation des séminaristes propédeutiques au séminaire St Joseph de Missérété au Bénin entre octobre 2004 et juin 2007.

Le texte pourrait intéresser le lecteur à cause de la préoccupation d'inculturation qui lui est sous-jacente. L'ancrage sur la culture africaine y est en arrière-plan

Lundi de la 2ème semaine de l'Avent

La liturgie, hier, nous avaient indiqué une disposition à prendre dans l'attente de notre salut : l'écoute des voix prophétiques qui retentissent en nous ou autour de nous dans notre vie et dans les déserts de nos vies. Aujourd'hui elle nous place dans la même perspective du salut et nous signalent les handicaps possibles sur le chemin du salut. L'évangile nous montre Jésus en contexte pastoral d'enseignement. Luc prend le soin de spécifier la participation de l'élite religieuse juive à l'enseignement de Jésus : « il y avait dans l'assistance des pharisiens et des docteurs de la Loi venus de tous les villages de Galilée et de Judée, ainsi que de Jérusalem. L'un des objectifs de Jésus, à l'occasion de sa prédication, c'était de donner le salut à travers le ministère de guérison. L'évangéliste précise que : « *... la puissance du Seigneur était à l'œuvre pour lui faire opérer des guérisons...* ». Mais au moment où sa puissance allait être sollicitée pour sauver un homme paralysé, un premier obstacle se dresse : la foule. Heureusement, elle a pu être contournée. Un autre obstacle est intervient lorsque Jésus a déclenché le processus du salut. C'est l'obstacle des mentalités. Il provient de l'élite religieuse : « *les scribes et les pharisiens se mirent à penser...* » et ils débitaient une série d'interrogations. Jésus est demeuré imperturbable. Il a fait évoluer le processus du salut de l'homme jusqu'au bout : « *lève-toi, prends ton ta civière et retourne chez toi* ».

Frères et sœurs, notre chemin de salut (notre vie de séminariste, de religieuse de prêtre, de laïc) est aussi jonchée de handicaps divers, provenant de personnes ou de mentalités comme c'est le cas dans l'évangile. L'effort que la liturgie nous demande de faire aujourd'hui est une revue de notre existence passée (d'hier, de la semaine dernière, de l'an dernier). En le faisant, nous percevrons des idées et les personnes qui nous distraient et essayent de nous détourner de notre mission. Quelquefois, nous y prêtons flanc volontairement et nous entretenons de telles situations.

Nous avons besoin de contourner tous les obstacles pour nous maintenir sur l'itinéraire du salut. Jésus que nous recherchons pour notre salut est que nous allons recevoir. Le toit que nous avons à découvrir pour l'atteindre, c'est notre cœur qui est le siège de toutes les incompatibilités en personnes et en idées.

Mardi de la 2ème semaine de l'Avent

Les études sur Isaïe se sont inspirées de : «*Consolez, consolez mon peuple...* » pour établir la division du livre. Elles distinguent deux parties : *le livre de la consolation* d'Israël, titre donné à la seconde partie du livre (40-55) dont le début a été la première lecture de la liturgie d'aujourd'hui. La consolation (thème principal des 15 chapitres) contraste avec les oracles menaçants des 39 chapitres précédents.

La consolation a un contenu précis : la fin de la servitude du peuple et la préparation d'un nouvel Exode, sous la conduite de Dieu. La fin de l'extrait indique le mode de la conduite : «*comme un berger, il conduit son troupeau ; son bras rassemble les agneaux, il les porte sur son cœur, et il prend soin des brebis qui allaitent leurs petits*». Nous retrouvons ici la thématique de la folie d'amour de Dieu pour les hommes, issue de l'évangile de la brebis égarée et relevée dans la méditation de tout à l'heure. La profondeur de l'enseignement de Jésus est encore beaucoup plus remarquable si nous nous plaçons dans le contexte de la vie ordinaire du peuple d'Israël, peuple d'éleveurs et de bergers. Si Israël paraît insaisissable en imagination, restons chez nous, à la hauteur de Bagou et de Gogounou avec les bergers peulhs.

La réalité est probablement la même qu'en Israël : un soin, un entretien, une attention au détail près !

Lorsque nous avons compris la sollicitude qu'un berger témoigne envers son troupeau, nous pouvons apprécier le souci que Dieu porte pour les hommes qu'il a créés. Beaucoup de conséquences anthropologiques en découlent, qui nourrissent et entretiennent notre foi. La plus frappante est celle qui projette un regard positif sur l'homme. Elle reconnaît que l'homme a du prix aux yeux de Dieu et interpelle les courants de pensée qui ont une vision négative de l'homme à cause de ses faiblesses et de ses tares. Ce sont eux qui fondent le rejet ou l'abandon dont certaines personnes sont victimes parce qu'elles sont considérées comme mauvaises et incapables de changement, dans nos familles, nos sociétés, autour de nous et entre nous. C'est dans la même perspective de pensée que certains parents, à bout de courage, concluent souvent l'effort qu'ils ont fourni dans l'éducation de l'enfant qui s'égare en affirmant : il est irrécupérable !

Je témoigne de l'admiration pour Blaise Pascal qui a développé une conception de l'homme autre que celle-là. L'article 2 des *Pensées* porte un titre qui résume son point de vue : « *la misère de l'homme sans Dieu* ». Il nous permet de comprendre, sous l'éclairage de Isaïe et de Matthieu que si l'homme est sans consistance tout seul, il a de la valeur avec Dieu.

Mercredi de la 2ème semaine de l'Avent

Ce qui retient l'attention dans l'oracle d'Isaïe dont nous avons eu un extrait en première lecture, c'est que Dieu procède à une autoproclamation de sa grandeur. Il réaffirme son autorité de créateur sur les astres. La mention des astres n'est pas innocente. Elle renvoie à Babylone où les astres étaient divinisés. L'oracle parle aussi de Jacob et de Israël « *pourquoi parles-tu ainsi, Jacob ? Israël, pourquoi affirmes-tu : ''mon chemin est caché à mon Dieu…?»''*. L'évocation de Jacob et d'Israël n'est pas non plus anodine. Jacob-Israël représente le peuple élu. Il s'agit ici des exilés de Babylone. Au cœur de leur exil, ils se demandaient si Dieu ne les a pas éventuellement oubliés. L'autoproclamation de la grandeur et de la puissance divine est intervenue pour que le peuple ne noie pas sa foi dans l'idolâtrie des babyloniens qui risquait de l'attirer.

Dieu a bien fait d'interpeller la sensibilité de son peuple qui a perdu tous les repères de sa puissance. Les signes de sa puissance étaient pourtant perceptibles dans l'homme et dans le monde : « *Tu ne le sais donc pas, tu ne l'as pas appris ? Le Seigneur est le Dieu éternel, c'est lui qui crée la terre entière, il ne faiblit pas, il ne se lasse pas… Il rend des forces à l'homme épuisé, il développe la vigueur de celui qui est faible* ». Notre rapport à Dieu a quelquefois besoin, pour se renforcer, d'un regard attentif sur les éléments de la création, sur le monde et sur l'homme. Ils renferment autant de signes et de prodiges qui manifestent la puissance de Dieu et sollicitent notre foi. Les poètes ont le grand mérite de lire Dieu à travers les merveilles de la nature. **Victor HUGO** est un exemple en la matière. Plusieurs de ses poèmes font une référence constante à Dieu à partir des éléments de la nature. Des commentaires parlent même de la *théologie* et de la *théodicée* de Hugo parce qu'il développe une réflexion métaphysique à partir des signes de Dieu dans la nature. Nous autres, nous avons l'avantage du meilleur signe de puissance de Dieu : l'Eucharistie.

Puissions-nous en cultiver la conviction

Samedi de la 2ème semaine de l'Avent B

Les disciples posent une question à Jésus à propos des scribes : « *pourquoi donc les scribes disent-ils que le prophète doit venir d'abord ?* ». Jésus ne dément pas le contenu de la parole des scribes. Au contraire, il confirme l'enseignement des scribes et donne d'autres précisions : « *Elie va venir pour remettre tout en place… Mais Elie est déjà venu….* ». Les scribes avaient donc, eux aussi, une parole d'autorité, un enseignement apparemment crédible et fiable. Voyons-en le statut. La fonction d'enseignement avait diverses formes d'expression dans l'A.T. Il y avait la forme domestique : « *le père de famille, responsable de l'éducation de ses enfants, doit leur transmettre à ce titre le legs religieux du passé national* »[1]. C'était une catéchèse élémentaire qui insinuait les éléments essentiels de la foi. Il y avait la forme sacerdotale que les prêtres assuraient : « *Chargés par devoir professionnel du culte et de la Loi, ils remplissent de ce fait une fonction doctorale…* »[2]. Il y avait aussi la forme prophétique différente des autres par le fait que la Parole de Dieu transmise par les prophètes « *n'est pas puisée dans la tradition* »[3]. Les prophètes « *la reçoivent directement de Dieu* »[4]. Il y a enfin la forme sapientielle de l'enseignement : « *les sages,…, à l'égard de leurs disciples remplissent la même fonction éducatrice que tout père à l'égard de ses fils* »[5].

En réalité les scribes n'existent pas dans les figures enseignantes. La fonction sacerdotale cumulaient efficacement le service du culte et le service de la parole.

---

[1] Cf. *Vocabulaire de Théologie Biblique* (V.T.B.), Les éditons du Cerf, Paris 2003, p. 360
[2] Id., p. 361
[3] Ibid.
[4] Ibid.
[5] Id., p. 362

L'irruption des scribes date des derniers siècles du judaïsme qui ont vu les synagogues se multiplier et le sacerdoce « *se concentrer sur ses tâches rituelles* »[6] : « *en même temps, l'on voit grandir l'autorité des scribes laïcs..., rattachés pour la plupart à la secte pharisienne* »[7]. Selon les recherches, « *l'effort didactique entrepris dans les milieux de scribes rejoint ... à la fois celui des prêtres et celui des prophètes* »[8]. Mais quelles que soient la fonction enseignante et les qualités de ceux qui l'accomplissent, « *c'est toujours Dieu qui enseigne son peuple* »[9].

Les scribes ne l'avaient pas compris si bien qu'ils n'avaient pas placé leurs qualités d'enseignant sous l'autorité de Dieu. Autrement, ils auraient découvert que Elie le grand prophète, emporté dans le ciel par un tourbillon de feu et dont le souvenir hantait le peuple, n'allait pas revenir en personne. Ce n'était pas Elie qui importait, « mais le feu dont il est porteur et qui a traversé la parole vibrante de Jean-Baptiste ...»[10].

L'attitude des scribes interpelle chacun. Lorsque les compétences et les qualités que nous possédons de la part de la sagesse de Dieu cherchent à s'exprimer en dehors de l'autorité de Dieu, nous inhibons la lumière de Dieu qui a mission de porter notre connaissance de Dieu à la perfection.

3ème dimanche ordinaire

Le scénario de l'évangile d'aujourd'hui rattache les extraits du livre de Jonas et de l'épître de Paul aux Corinthiens par un lien saisissant. J'ai pu le cerner à partir du schéma de communication de Jakobson qui est beaucoup plus actantiel. (Ferdinand de SAUSSURE avait adopté un schéma très simple : relation audition / phonation). Le schéma fait voir d'un côté les pêcheurs du lac de Galilée et de l'autre les habitants de Ninive. D'un côté comme de l'autre un même mouvement se remarque : un changement d'habitude : un volte-face (changement subit d'opinion, de manière d'agir, revirement), un revirement brusques. Au départ, les frères Simon et André et les frères Zébédée (Jacques et Jean) exerçaient tranquillement leur métier de pêche et jouissaient paisiblement des fruits de ses activités. Mais leur rencontre avec Jésus et l'appel qu'il leur a adressé a engendré un retournement radical. Ils se dessaisissent (dépossèdent) subitement des barques et des filets. Ils abandonnent brutalement leurs parents. En d'autres ternes, ils ont quitté les avantages de leur profession et leurs relations familiales pour suivre quelqu'un dont l'identité était jusque là problématique et énigmatique. Tout ce que les pauvres pêcheurs pouvaient connaître de Jésus au moment des faits, c'est qu'il posait problème.

---

[6] Id., p. 1157
[7] Ibid.
[8] Id. p. 362
[9] V.T.B., p. 360
[10] Cf. Kephas, t.1, p. 96

Jésus posait vraiment problème. Cf. : Sa naissance était un problème pour Marie. Son enfance aussi : la qualité de son intelligence à 12 ans était mystérieuse (il siégeait à l'Assemblée des savants juifs). L'occasion de son baptême était le carrefour de tous les mystères et de toutes les énigmes : ''les cieux se déchirent, une colombe descend vers lui, une voix vient des cieux''. Jean GUITTON a pu écrire un livre : *Le problème Jésus*.

De même, les habitants de Ninive, qui s'étaient accoutumés à un paganisme contagieux, changent immédiatement de comportement à l'annonce de l'ultimatum agressif et menaçant de Jonas « *encore quarante jours et Ninive sera détruite* ». Dans un cas comme dans l'autre, le changement d'habitude est motivé par un impératif, une urgence. Pour les habitants de Ninive, l'urgence se traduit dans le malheur qui risquait de détruire la population. Pour les pêcheurs du lac de Galilée, il y a une nécessité pressante de la mission évangélisatrice : « les temps sont accomplis, le règne de Dieu est tout proche. Convertissez-vous et croyez à la Bonne Nouvelle ».

Le monde contemporain est aussi porté à un mouvement de changement que suscitent des urgences. Les météorologues cherchent à changer les Fahrenheit en Celsius (en Hebreu, le mot conversion signifie changement de direction, fait de tourner à 180°). Les chercheurs prévoient que les biocarburants (les carburants obtenus à partir des biomasses végétales) remplaceront le pétrole.

Pour le Tibet, occupé depuis 50 ans par la Chine, le Dalaï Lama (chef spirituel et souverain du Tibet, région du sud-ouest de la Chine) « *recommande une conversion du Pays en zone de paix, un sanctuaire dans lequel l'humanité et la nature pourraient vivre ensemble en harmonie* »[11]. Les politiciens les plus affamés des régimes pilleurs d'économie envisagent constamment des mouvements de changement. Ils inventent des termes variés : changement consensuel, évolution, lancement de nouveaux programmes, aggiornamento administratif, redistribution des charges, réforme. « Les plus avertis arrivent à se convertir à des alliances et à des programmes précédemment critiqués et les plus astucieux changent d'avis comme de chemise ». Ce sont autant de changements que promeut la société contemporaine, qui ne correspondent pas nécessairement au changement voulu par les hommes eux-mêmes ni voulus par Dieu pour les hommes. Le changement que Dieu veut de nous aujourd'hui se trouve dans la perspective que Paul nous propose et dont il nous fait part dans l'extrait aux Corinthiens. Paul conseillait aux Corinthiens une façon exemplaire de mener la vie chrétienne : posséder une femme (Paul a consacré le chapitre 7 à la résolution des problèmes liés au mariage et à la virginité) des biens et agir comme si l'on ne possédait rien ; vivre des situations pénibles et heureuses et faire comme si rien ne se passait. Paul ne suggérait pas aux Corinthiens d'adopter un comportement d'hypocrisie ou d'indifférence. (Il faut pouvoir prendre ses responsabilités devant chaque situation vitale et mener le combat chrétien). Il voulait d'eux le meilleur positionnement face aux réalités terrestres. Il les avertit pour qu'ils se convainquent du caractère relatif des situations vitales qu'ils vivent.

---

[11] Afrique espoir n°32 Octobre-décembre 2005, p. 4

Il ne souhaite pas qu'ils s'y enlisent pas au point d'oublier leur caractère relatif par rapport au Christ et à son Royaume qui vient. C'est une compréhension tout autre que celle que suggèrent les courants de pensée qui invitent porter un regard négatif et dépréciatif sur les réalités terrestres.

La miséricorde de Dieu attendait les ninivites au carrefour d'un changement : le passage du paganisme à la foi. Elle les a atteints effectivement : « *aussitôt les gens de Ninive crurent en Dieu* ». Ils ont été touchés probablement à cause des menaces mais aussi parce qu'ils ont fini par reconnaître le caractère relatif de leur panthéon païen et des pratiques qui l'entouraient. Ce qui leur a permis de poser le pas décisif de la foi.

Jésus attendait les pêcheurs du village lacustre de Galilée au carrefour d'un changement : leur passage de la fonction de pêcheur de poisson (qui du reste est plus intéressante et plus profitable) à la qualité d'annonciateur de l'évangile de Dieu.

Avec Paul, nous savons le type de changement que Dieu nous demande d'opérer aujourd'hui : l'établissement d'une échelle des valeurs pour reconnaître, accepter et vivre le caractère relatif de notre vie en fonction de Jésus Christ et de son Royaume. En partant de l'exemple de Ninive et en jetant un regard de compassion et d'espérance sur nos familles, nos villages et nos quartiers de ville, nous verrons que les personnes qui n'ont pas encore accédé à la foi sont celles qui tiennent à l'absolu des pratiques, à l'intégrité pure et simple du patrimoine religieux de la tradition.

De la même façon, les moments où notre propre relation à Dieu est inféconde, décadente et évanescente sont ceux où nous n'avons pas perçu l'aspect relatif de la situation heureuse ou malheureuse en jeu.

Les textes de la 3ème semaine nous engagent dans le mouvement de changement avec des modèles précis : le peuple de Dieu change de régime. Il passe de la théocratie à la Royauté avec David. Jésus désirait vivement des juifs un changement de mentalité. Mais ils continuent de s'entêter et finissent par aggraver leur situation. Paul lui-même, dans l'histoire de sa conversion, opère un grand changement : il passe du régime de la Loi au régime de la grâce.

Puissions-nous nous inscrire dans le mouvement de changement pour bénéficier chaque jour des grâces que Dieu nous réserve.

Samedi de la 3ème semaine ordinaire

Tout grand roi qu'il était, respecté pour sa bravoure et son intrépidité, David a malheureusement fait l'expérience de l'avilissement, de la déchéance et de la honte au milieu d'un peuple qu'il avait mission de gouverner. Mais au contact de Dieu, à travers les paroles du prophète Nathan, David a mesuré et reconnu sa petitesse et sa fragilité. Pour cela il est gracié. Ses résolutions pénitentielles ont amoindri son prestige et sa réputation. Mais il est sorti de sa situation grandi par Dieu malgré la pénalité à laquelle il devait nécessairement faire face.

Pareillement, en présence de Jésus Christ, les apôtres découvrent subitement leur fragilité et s'en remettent à sa protection : « *Maître, nous sommes perdus* ».

En retour, Jésus comble leur attente. Il apaise leurs inquiétudes et renforce leur confiance. Tout cela est plein d'enseignement pour chacun de nous : c'est dans la mesure où nous reconnaissons notre fragilité et notre petitesse devant Dieu que nous bénéficions de ses largesses et des signes de sa puissance. St Thomas d'Aquin l'a si bien compris qu'il en a fait un principe de sa vie de chercheur. Il plaçait toutes ses initiatives sous la tutelle et l'autorité de Dieu de qui il demandait toujours force, protection et lumière. Un de ses biographes évoque les raisons de l'unité profonde de sa vie : « *toutes les fois qu'il voulait entreprendre une dispute, enseigner, écrire ou dicter* », « *il se retirait d'abord dans le secret de l'oraison et priait en versant des larmes, afin d'obtenir l'intelligence des mystères divins* »[12]. Thomas a su harmoniser son investissement intellectuel avec un sens aigu de l'absolu de Dieu.

Par son intercession, demandons à Dieu de suppléer sa puissance à notre faiblesse.

Lundi de la 5ème semaine de Carême

Le procès de Suzanne, au temps de Daniel, et celui de la femme adultère, au temps de Jésus, ont un même chef d'accusation : l'adultère. Les deux procès sont provoqués par une mauvaise intention. Pour le premier, c'est la formulation d'un faux témoignage suite à l'échec du stratagème mis en place par deux anciens vicieux qui voulaient satisfaire leur instinct sexuel. Pour le second, il s'agit de la recherche d'un prétexte pour accuser Jésus. Dans un cas comme dans l'autre, le procès s'est déroulé en faveur des accusés parce que Dieu s'était lui-même érigé en avocat défenseur. Il a inspiré des paroles déroutantes à ses envoyés : « *je suis innocent de la mort de cette femme !* », « *celui d'entre vous qui est sans péché, qu'il soit le premier à lui jeter la pierre*».

Nous avons dû remarquer que si les deux anciens ont réussi à fomenter leur crime contre Suzanne, c'est parce qu'ils ont cherché à voiler la face de Dieu. Leur conscience a éclipsé le face-à-face avec Dieu : « *ils faussèrent leur jugement, ils détournèrent leurs yeux pour ne plus regarder vers le ciel* ».

Nous avons dû noter également que la femme de l'Evangile a été acquittée après le départ des scribes et des pharisiens, au moment où elle s'est retrouvée seule, face-à-face avec Jésus.

Nous pouvons en retenir que le face-à-face avec Dieu nous débarrasse du péché. Cela nous est offert gracieusement dans chaque Eucharistie.

Que celle que nous célébrons aujourd'hui éloigne de nous le mal et le péché pour que nous bénéficiions, nous aussi, de la miséricorde de Dieu.

---

[12] Cf. Kephas, t.1, p..705

Mardi de la 5ème semaine de Carême

Une série de diatribes alimentent les entretiens entre Jésus et les juifs dans les chapitres de St Jean que nous lisons depuis hier. Elles sont faites de prises de position, d'objections et de réponses aux objections comme nous le verrons dans le cours de la semaine. Elles manifestent la volonté de Jésus d'amener les juifs à la découverte progressive de sa vraie identité de Fils de Dieu. Mais elles révèlent d'abord les traits identitaires d'un peuple attaché fortement à ses ancêtres dans leur foi, prêt à défendre son patrimoine religieux contre tout autre courant envahisseur, et corrosif. Ce qu'on peut lui reprocher, c'est de n'avoir pas pu opérer un dépassement pour accueillir la nouveauté évangélique. Il a choisi le chemin de la perdition en cherchant à se claquemurer dans le particulier de son héritage. Une lecture synoptique de son attitude avec celle du peuple d'Israël, dans l'épisode du serpent de bronze favorise d'autres réflexions. Le symbolisme théologique et biblique de l'épisode garde toute sa valeur avec la particularité de la perte des repères de Dieu. Le peuple est à bout de courage. Il récrimine. Il donnait les signes manifestes d'un peuple prêt à nier totalement son passé et à abandonner définitivement son héritage culturel religieux. Mais l'hécatombe causée par les serpents et surtout son repentir ultérieur a réduit la distance qui l'éloignait de Dieu. Nous sommes, nous aussi un peuple qui a été confronté à la perte des repères de Dieu. Il nous suffit de rappeler l'histoire pathétique que l'illustre disciple de la tribu des Diallobé, Samba Diallo, avait vécue en son temps.

En parlant hier de l'organisation spatiale de L'aventure Ambiguë, le groupe d'exposé faisait bien de considérer le fait que «*le jeune enfant du pays des diallobé ... quitte le pays natal*» comme «*un éloignement qui correspond à un éloignement de Dieu*». L'expérience de Samba Diallo interpelle les divers éloignements de Dieu opérés par notre peuple et nous-mêmes. Comme le peuple juif, dont la plupart ont fini par croire en Jésus, nous voulons garder nos valeurs propres.

Comme le peuple d'Israël dans le désert, nous voulons nous repentir pour bénéficier de la bienveillance de Dieu.

Mercredi de la 5ème semaine de Carême

L'entretien de Jésus avec les juifs continue son cours normal. De plus en plus, l'objectif de Jésus est atteint. Il est arrivé à convaincre beaucoup de juifs qui ont fini par croire en lui. C'est précisément aux néophytes qu'il s'adresse, pratiquement, aujourd'hui : « *Jésus disait à ces juifs qui maintenant croyaient en lui* ».

Il est frappant de constater que les interventions de Jésus ont gardé le même ton, la même teneur et la même intensité. Pourtant, il ne s'agissait plus des juifs mécréants (par rapport à Jésus) mais des néophytes.

Le constat vaut aussi son pesant d'or du côté des interlocuteurs de Jésus. Ils objectent avec la même conviction et la même vivacité, comme s'ils n'avaient rien compris de tout ce que Jésus disait depuis le début. Pourtant, c'étaient ceux qui, désormais, croyaient en Jésus. L'attitude est indicatrice de sens à toute personne qui s'engage dans un itinéraire spirituel. Rien n'est gagné définitivement. Tout est à faire et à refaire. Un effort constant de patience et de persévérance est requis pour une vie spirituelle réussie. La vie spirituelle n'est réussie que lorsqu'elle se conçoit dans la dynamique d'un perpétuel recommencement. L'écrivain Nicolas Boileau s'était placé dans le même registre pour écrire dans le *Livre des métiers* :

« *vingt fois sur le métier remettez votre ouvrage, polissez-le sans cesse et repolissez-le* ».

Saint Isidore de Séville en parlait également en son temps lorsqu'il écrivait quelques lignes sur la lecture des Saintes Ecritures : « *personne ne peut connaître le sens de l'Ecriture sainte sans en avoir acquis la familiarité par une lecture fréquente... Plus on fréquente assidûment la parole divine, plus on en comprend les richesses...* ». Une telle compréhension du cheminement spirituel nous aide à discerner autrement le devoir d'édification de notre croissance spirituelle. Elle nous permet de reconsidérer notre vie spirituelle quotidienne, en général, et notre fréquentation de l'Eucharistie, en particulier.

Mercredi de la 5ème semaine de Carême

Les rencontres entre Jésus et les juifs ont pris l'allure d'une discussion vive.
Un regard sur les protagonistes du débat amène à qualifier la situation de *différend Jésus – Juifs*. Cela annonce de très loin une question fondamentale qui va surgir dans l'histoire du peuple de Dieu. Elle est reconnue sous les réalités que désignent les expressions : *la question juive* ou *le différend judaïsme – christianisme*. La discussion s'est avérée inféconde. Elle a dégénéré en violence : « *ils ramassèrent des pierres pour les lui jeter* ». S'il en a été ainsi, c'est parce que les juifs, malgré leur bonne intention de sauvegarder leurs acquis religieux, n'ont pas eu la souplesse de s'ouvrir pour recueillir la lumière que Jésus leur apportait. Or Jésus, lui, faisait l'effort de les prendre et de les comprendre dans le contexte qui les portés. Il prenait le soin de dire : « *Abraham votre père* ». En le disant, il leur restituait intégralement tout le judaïsme dont ils se réclamaient. Il aurait fallu le mouvement inverse pour que la discussion retrouve son issue heureuse. Mais l'incapacité d'ouverture de la part des juifs a paralysé le dialogue. Il est vrai que, comme la rencontre de deux cultures, celle de deux expressions de foi est très délicate. Elle comporte deux pôles. L'un, négatif, consiste dans l'aliénation par assimilation servile. L'autre, positif, relève d'une possibilité de synthèse adéquate. Dans leur ferme volonté d'éviter l'aliénation religieuse, les juifs se montrent malheureusement incapables d'une bonne synthèse.

Leur expérience nous donne une leçon de foi capitale. Elle indique qu'il n'est pas du tout facile d'adhérer à Jésus. À côté de l'effort d'adhésion qui est à réaliser, il y a surtout besoin d'une lumière nouvelle qui provienne de Jésus lui-même.

L'Eucharistie qui nous recevons quotidiennement en est porteuse.

Samedi de la 5ème semaine de Carême

Aujourd'hui se dessinent les trois actes majeurs qui vont conduire Jésus à la passion : la réunion du grand conseil, les décisions majeures et les consignes majeures. Jusque-là, rien n'était encore précis en ce qui concerne les motifs de condamnation de Jésus. Les juifs se contentaient de discuter avec lui. Ils croyaient pouvoir le raisonner pour le convaincre de véhiculer une nouvelle doctrine qui trouble l'ordre religieux. Ils cherchaient à le faire taire, mais ses paroles et ses actes ne faisaient que parler haut de lui. Ils attiraient davantage de personnes qui croyaient en lui. C'est autour de la résurrection de Lazare que le grand conseil va réunir les sommités religieuses : les pharisiens et les chefs des prêtres, avec comme figure importante Caïphe. Le conseil examine la situation. Les membres entrevoient des conséquences socio-politiques aux actes de Jésus. Ils prévoient les réactions des armées païennes, ennemies de la religion :

« *Si nous continuons à le laisser agir, tout le monde va croire en lui et les Romains viendront détruire notre lieu saint et notre nation* »

Alors la grande décision de la condamnation à mort de Jésus émerge du conseil. La phase exécutoire de la décision commencera par la mise en place de quelques consignes majeures comme celle de l'arrestation :

« *quiconque saurait où il était devait le dénoncer pour qu'on puisse l'arrêter* ».

Jésus ne réagit pas autrement que de réduire ses sorties officielles. Il se sait être le moyen de réalisation de la promesse de Dieu depuis le prophète Ezékiel. Il est venu « *rassembler dans l'unité les enfants de Dieu dispersés* ». Conscient des grands risques que cela coûterait à sa vie, il se donne une retraite dans la ville d'Ephraïm pour s'approprier et intérioriser efficacement le projet d'unification des peuples de la terre. Il a réussi, parce qu'il s'est décidé à affronter les difficultés du chemin. Pour le moment, il est le seul au monde à avoir rassemblé et même nourri des foules immenses. Il est aussi le seul à faire l'unité parfaite d'hommes de toutes les conditions, de toutes les races qui peuvent se rassembler autour du Pain Eucharistique. Les hommes, les nations, les peuples ont toujours souhaité voir se réaliser leur vœu d'unité. Mais ils y sont parvenus difficilement. Ils échouent faute de vouloir prendre les moyens du projet. Jésus est le modèle à suivre. La semaine qui vient nous donnera de revivre les moments douloureux de sa vie terrestre et d'apprécier le prix de notre salut.

Veillée pascale

Un événement historique nous tient en haleine actuellement : le tombeau vide. Il n'est pas un événement historiquement unique et inédit parce que l'histoire de l'humanité porte d'autres traces de tombeau vide. Quelques décennies avant la fin du siècle dernier, le cercueil du célèbre acteur cinéaste britannique **Charlie Chaplin** a été enlevé du cimetière où il reposait. Mais « *personne n'a pensé à aucun moment à une résurrection et le corps a été retrouvé après* »[13]. Une fois ou l'autre, dans certains cimetières de chez nous, très tôt le matin, les populations ont été alertées par la découverte de tombeaux vides. Les témoignages concordent toujours pour affirmer qu'il s'agit de rapts de cadavres humains utilisés à des fins que seuls les auteurs et les acteurs sont capables d'évoquer.

A côté des repères historiques mentionnés, le message que porte le tombeau vide de Jésus peut être dit unique en son genre, exceptionnel et inédit.

L'histoire peut dire que certains ont été rabbins et bons rabbins comme Jésus, que beaucoup ont été thaumaturges pour avoir fait des miracles comme Jésus. Mais elle n'a pas pu dire encore que quelqu'un est ressuscité comme Jésus.

Seul le tombeau vide de Jésus porte le lumineux message de la résurrection ! (Le récit de Matthieu 27, 54 signale la déchirure du voile du sanctuaire, un tremblement de terre, l'ouverture des tombeaux et la résurrection de nombreux corps de saints trépassés. « Ils sortirent des tombeaux après sa résurrection, entrèrent dans la Ville Sainte et se firent voir à bien des gens »). C'est la résurrection des justes de l'Ancien Testament, préfiguration de l'ère eschatologique. « *Libérés de l'Hadès par la mort du Christ, ils attendent sa résurrection pour entrer avec lui dans la ville sainte…* »[14]

La tradition judéo-chrétienne parlera de la résurrection de Lazare. Mais le cas de Lazare est tout différent de celui de Jésus. Il s'agit d'un « *retour provisoire à la vie d'un homme qui devra une nouvelle fois mourir* »[15].

La manifestation des éléments de culture, chez nous au Bénin, quelque part, fait place à un contenu similaire à la résurrection. Mais la terminologie d'usage parle revenants et non ressuscités. La différence est d'ailleurs grande entre Jésus Ressuscité et les revenants. Eux autres n'offrent pas de possibilité de visibilité. Or Jésus Ressuscité s'est laissé voir à ses disciples dans de multiples apparitions. Tout cela atteste que la résurrection de Jésus est un fait unique. Aucun doute ne devrait subsister à propos du tombeau vide porteur du message de la résurrection. Les témoignages devaient converger puisque Jésus, lui-même, dans les derniers moments de sa vie terrestre en donnait un avertissement fréquent. Pourtant, les témoignages sont multiples et divergents et les interprétations variées. (L'anarchie des témoignages avec les apôtres). Le fait que ce soit des femmes qui véhiculent pour la première fois le message remet déjà radicalement en cause sa crédibilité.

---

[13] Bernard SESBOÜE, *Croire, Invitation à la foi catholique pour les femmes et les hommes du XXIe s.*, p. 306
[14] Bible de Jérusalem, page note ''a''
[15] Bernard SESBOÜE, *Croire*, p. 305

(Au regard de la loi juive, le témoignage des femmes n'était pas recevable. C'est probablement l'une des raisons pour lesquelles elles étaient toutes tremblantes et n'avaient rien dit à personne malgré l'injonction de l'homme qu'ils ont vu. Même si les premiers témoins n'étaient pas des femmes, des problèmes de compréhension se poseraient toujours. Des gens auraient souhaité voir Jésus ressuscitant pour croire. La sensibilité moderne aurait voulu qu'il y eût une caméra pour fixer les images et offrir des preuves indubitables de la résurrection de Jésus.

Mais même si les possibilités de film les plus performantes étaient mises à contribution, « *elles n'auraient rien enregistré du tout, tout au plus une disparition* »[16]. C'est parce la résurrection, est un mystère, le mystère du nouveau mode de vie. Nous sommes d'y rentrer aujourd'hui. Sur la base de notre foi, nous comprenons ce qui s'était passé : c'était un mouvement transcendant du corps de Jésus qui échappe à la continuité de l'espace et du temps. Jésus est passé du mode de vie temporel (historique) au mode de vie atemporel (transhistorique). Lorsque nous sommes rentrés dans le mystère, il est bon que nous en apercevions le message pour l'intégrer à notre vie chrétienne. La résurrection nous enseigne d'opérer un passage en vue de notre libération. Maintenant c'est l'heure de vivre notre libération pour avoir mené le combat contre le mal pendant le Carême et pour l'avoir vaincu à tous les carrefours où il cherche à nous maintenir sous sa domination.

La liturgie de la parole qui est proposée à notre méditation porte le même message de libération. Elle nous invite à faire notre propre passage. Ce sera à travers la troisième partie de la célébration : la rénovation des promesses baptismales. Je me suis inspiré de Basile dont le traité sur l'Esprit Saint comporte un exercice spirituel pratique de la rénovation de la profession de foi baptismale. L'exercice nous fera descendre au séjour des morts en mimant l'ensevelissement du Christ. Il commence par le renouvellement de la renonciation à Satan et de la profession de foi et s'achève par l'aspersion. Nous avons besoin de nous concentrer pour revivre le moment de notre baptême. Les réponses que nous aurons à donner ne seront pas de simples réponses mais des réponses qui nous engagent résolument. Ensuite nous serons aspergés d'eau bénite. Notre corps sera en quelque sorte enseveli dans l'eau. La grâce qui en sortira pour nous, si nous la vivons comme il faut, c'est la rupture du cours de la vie passée et le commencement d'une autre vie.

Les savants, malgré leur bonne volonté de recherche ont échoué dans leurs analyses et leurs interprétations. La science n'a pas pu expliquer le fait de la résurrection. Qu'ils soient favorables (les courants de pensée qui admettent la résurrection pensent à une réanimation du cadavre de Jésus et à son retour à la vie temporelle. Ils croient que la mort de Jésus était un fac-similé : Jésus aurait fait semblant de mourir sur la Croix. Pour justifier le tombeau vide, ils affirment qu'il a entrepris un voyage interstellaire) ou pas (les courants qui ne l'admettent pas s'inscrivent dans l'expérience humaine la plus universelle : le caractère irréversible de la mort.

---

[16] Bernard SESBOÜE, *Croire*, p. 304

Ils pensent que le témoignage des Apôtres est une imagination fallacieuse et un délit d'abus de la crédulité des pauvres gens. Ils auraient fait un montage concerté d'une haute supercherie pour compenser récupérer une espérance perdue. Leur erreur a été de chercher à comprendre la résurrection de Jésus à partir de la raison. Alors que la résurrection de Jésus échappe aux paramètres scientifiques. Elle relève du mystère et requiert l'éclairage de la foi.

6ᵐᵉ dimanche de Pâques

L'extrait du livre des Actes des Apôtres célèbre aujourd'hui la foi de Corneille, le centurion de l'armée romaine. Deux traits caractérisent l'aspect extraordinaire que représente la foi de Corneille. Il est une personnalité militaire de la légion romaine (officier commandant une centurie ou unité militaire formée de cent personnes). Il avait d'autres prédispositions favorables à l'accueil de la foi : « *pieux et craignant Dieu... il faisait de larges aumônes au peuple juif et priait Dieu sans cesse* »[17]. (L'expression craignant Dieu ou adorant Dieu désigne ceux qui sympathisaient avec le judaïsme sans s'incorporer au peuple juif par la circoncision). Par ailleurs, il est païen. Il fait partie de ceux que le vocabulaire de théologie biblique range sous l'appellation de nations. Le terme retient l'attention tout comme la réaction des croyants dans le récit : « *tous les croyants qui accompagnaient Pierre furent stupéfaits, eux qui étaient juifs, de voir que même les païens avaient reçu à profusion le don de l'Esprit Saint* ». La clarification du terme païen ou nations aide à comprendre le discours de Pierre et la réaction de ses compagnons.

Depuis l'Ancien Testament jusqu'au Nouveau Testament, l'humanité a toujours été perçue comme divisée en deux parties : Israël et les nations ou les juifs et les nations. Une schématisation discriminatoire de la situation donnerait d'un côté le peuple de Dieu et de l'autre les exclus du peuple de Dieu. Ce sont les exclus qui forment les nations. Ils représentent à la fois ceux qui ne connaissent pas Dieu (les païens) et ceux qui ne participent pas à la vie de son peuple (les étranges) »[18]. Mais de l'Ancien Testament au Nouveau, il y a eu une grande évolution. La notion de peuple de Dieu s'est élargit pour devenir « *l'Eglise, Corps du Christ, le peuple nouveau ouvert à tous les hommes* »[19]. L'évolution s'est faite lente, progressive. Elle a dû connaître une purification pour passer de l'exclusivisme juif marqué par la fermeture au paganisme (à Israël appartiennent l'élection, l'alliance, les promesses divines) au prosélytisme juif caractérisé par l'ouverture aux païens de bonne volonté.

Cela fait comprendre la stupéfaction des croyants qui accompagnaient Pierre. Pour eux, et pour la communauté primitive entière, l'évangélisation devait s'adresser d'abord à Israël d'où le salut partira pour s'étendre au monde entier. L'ouverture aux païens ne les avait pas encore gagnés.

---

[17] Actes 10, 2
[18] V.T.B., p. 815
[19] Ibid.

Or, du côté des païens comme Corneille, des « pierres d'attente » existaient déjà. Elles se sont révélées par la suite dans des signes de foi concrets. L'expérience vécue par Corneille à Césarée montre que la foi a besoin de signes et de pierres d'attentes. Les signes de la foi étaient manifestes chez Corneille. C'étaient l'effusion de l'Esprit et le baptême. L'événement est bouleversant pour le monde juif qui se voit obligé à un renversement total de mentalité.

« *Dieu lui-même a montré que les païens devaient être reçus dans l'Eglise sans qu'on les astreigne aux prescriptions de la Loi* »[20].

Avant les signes, il y a eu des pierres d'attente chez Corneille. Elles n'étaient que deux, apparemment anodines, innocentes, mais très significatives du désir profond qui l'animait : l'acte de vénération à l'égard de Pierre « *se jetant à ses pieds, il se prosterna* » et l'écoute de l'enseignement de Pierre. En son temps, Jésus aussi voulait des apôtres des signes de la foi. Contrairement au centurion Corneille, les disciples de Jésus n'avaient pas besoin de pierre d'attente. Faisant partie du nouveau peuple, ils étaient enracinés dans la foi en Jésus-Christ. Il manquait seulement que leur foi présente des signes pour s'exprimer. Alors Jésus leur recommande l'amour comme signe de leur foi.

La foi en Jésus-Christ, chez nous, avait ses signes et ses pierres d'attente. Mgr Anselme SANON fait remarquer qu' « *il y avait dans la tradition africaine, tant de valeurs et de virtualités, qu'il était bien difficile de ne pas voir en elles le matériau providentiellement préparé pour la construction de la maison-église. Le sens du sacré, le respect de la vie, l'hospitalité pratiquée spontanément, les liens de fraternité que rien ne peut rompre, autant d'éléments, chrétiens avant la lettre, et qui ne demandaient qu'à être reconnus* »[21]. Malheureusement, tout cela se désagrège et tend à disparaître définitivement. Elles constituent, pratiquement, aujourd'hui des valeurs perdues. Nous sommes invités à les réintégrer dans nos mœurs. Si nous y parvenons, nous aurons réanimé les signes de notre foi.

Lundi de la 6ème semaine de Pâque

La géographie de la mission apostolique conduit Paul aujourd'hui à Philippes, cité romaine, après des transitions à Troas, Samothrace et Néalpolis. Les acteurs de l'activité missionnaire à Philippes sont Paul, Silas et Luc. Le contenu de la mission était une visite surprise à la communauté juive riveraine : « *nous sommes allés au bord de la rivière ; nous pensions y trouver l'endroit où les juifs venaient prier* ».

Mais au lieu des juifs, ils s'entretiennent avec des femmes. Parmi elles, Lydia, la commerçante, s'était illustrée par son écoute attentive du message des Apôtres, son adhésion à la foi en Jésus-Christ matérialisée par le baptême qu'elle a reçu.

---

[20] Bible de Jérusalem, p.1585
[21] Anselme SANON, p.16

Elle éprouve une joie immense de savoir que sa foi en Jésus Christ a été authentifiée par ses apôtres. Elle le manifeste en offrant l'hospitalité pastorale à Paul et ses compagnons. Une lecture attentive du récit de Luc montre qu'il accorde une importance particulière aux femmes. En cela, Luc intéresse la théologie féministe et aussi l'histoire sociologique du christianisme primitif. L'intérêt pour la théologie féministe se révèle dans le fait que certains commentateurs présentent Luc comme un auteur féministe avant la lettre parce qu'il met en scène de nombreuses figures féminines. L'avantage pour la sociologie du christianisme primitif résulte de l'ère nouvelle qui s'inaugure pour la condition féminine jusqu'alors dévalorisée. Luc intéresse également la mission chez nous, aujourd'hui. Il nous intéresse dans l'accent qu'il met sur le rôle missionnaire des femmes chrétiennes. Engagées et décidées, présentes et permanentes, constantes et attentives, elles jouent un rôle prépondérant dans le rayonnement des activités paroissiales et ecclésiales. Elles rendent le témoignage évangélique du service. Par leur dévouement, elles sont aux antipodes de l'option sous-jacente aux revendications des féministes modernes à savoir : la recherche d'un leadership social corrosif pour nos sociétés. Nos sociétés et notre Eglise ont plus besoin de femmes dont l'importance se mesure au degré d'engagement qu'elles prennent pour rendre service.

Elles ont moins besoin des femmes qui crient la parité dans l'intention d'évincer et de supplanter les hommes.

Mardi de la 6ème semaine de Pâque

Toutes les aventures, tous les événements, malheureux et heureux que les apôtres vivaient, sur le chemin de la mission faisait de nouveaux disciples. Autant d'événements, autant d'occasion de faire des chrétiens. Hier, c'était la déception probable causée par l'absence de la communauté juive riveraine de Philippes. Elle a été substituée par la rencontre fortuite avec des femmes et l'adhésion de plusieurs personnes de la famille de Lydia à la foi en Jésus Christ. Aujourd'hui, les apôtres sont la risée des autorités de la même ville. Ils font l'expérience malheureuse de la prison. Le gardien de la prison applique fermement les consignes de détention pour éviter toute tentative d'évasion. Il ne pouvait pas soupçonner un seul instant que la grâce de Dieu allait le rejoindre dans l'accomplissement naïf de ses fonctions.

Les apôtres, de leur côté, ont apprivoisé leurs difficultés. Au cœur de leur souffrance, ils trouvent encore les moyens et les méthodes d'accomplissement de leur mission. Ce sont la prière et une classe de chant improvisée en plein milieu de la nuit. La puissance de Jésus Christ était avec eux et soutenait leur force d'âme. Elle s'est concrétisée dans le miracle qui a eu lieu et qui compromettait dangereusement le gardien. Au lieu d'un suicidé, les apôtres se trouvent en face d'un nouveau chrétien qu'ils accueillent. La réaction finale du gardien est surprenante. Il ne s'est pas préoccupé d'exprimer ses reconnaissances à ses sauveteurs.

Il demande plutôt les moyens d'acquisition du salut comme si l'empêchement du suicide qui aurait pu entraîner sa mort ne lui avait pas apporté le salut : « *Que dois-je faire pour être sauvé* » ?

Après son baptême préparé par une catéchèse rapide et complète, il clame sa fierté d'être chrétien. Tout comme les apôtres, le gardien a eu la grâce de voir transformées ses aventures malheureuses en moyen d'expression de sa foi.

Que l'Eucharistie que nous recevons soit la force qui transforme les événements malheureux de notre vie en moyen d'expression de notre foi.

Mercredi de La 6ème semaine pascale

Du point de vue de la pensée, Athènes est le site de convergence des idées philosophiques et le carrefour de la connaissance (mise à jour, évaluation expérimentation des nouvelles idées et des nouvelles doctrines.). Du point de vue de la religion, c'est le centre spirituel de l'hellénisme païen. La ville est pleine d'idoles. Ce qui révèle le degré de paganisme de ses habitants. Paul arrive dans la ville et constate les faits. Il est gêné, dépassé par l'idolâtrie ambiante. Il entreprend alors des séances d'entretien avec les juifs de la synagogue d'Athènes pour voir s'il pouvait convertir les cœurs et faire des chrétiens. Il allait aussi à l'agora rencontrer les passants, les philosophes épicuriens et stoïciens. Les penseurs découvrent en lui les germes d'une nouvelle doctrine et veulent avoir des éclaircissements. Paul est conduit devant le conseil de l'aréopage. Il présente aux athéniens un discours kérygmatique voilé par l'usage de termes empruntés aux catégories et aux schèmes de pensée grecs. Son objectif était de les convertir à partir des éléments de leur patrimoine culturel : les éléments de la sagesse grecque. Malheureusement, le sommet du discours de Paul, la résurrection du Christ, a dispersé les athéniens. Paul apparemment a échoué dans ses prévisions de missionnaire auprès des athéniens. Mais certains s'étaient convertis en l'écoutant annoncer Jésus Christ dans un langage qui a rejoint, par la grâce de Dieu, leur être profond. En matière d'évangélisation, de pastorale, Paul demeure pour nous un modèle et une référence. Il nous aide à redimensionner notre rôle de missionnaire de l'Evangile. Il a employé un langage culturel grec pour dire la foi aux athéniens. Nous pouvons et nous devons, nous aussi apprendre à parler de Dieu en empruntant des langages où l'homme africain se dit lui-même et raconte le monde où il vit. Ce faisant, nous pourrons rejoindre l'âme de notre peuple dans l'espace où elle s'enracine et respire.

Nous avons déjà pris conscience que notre foi est empreinte de paradigmes marqués par les schèmes de la pensée occidentale. Il s'agit pour nous de nous en départir progressivement. Il n'est pas tard de commencer parce que la Révélation divine est toujours actuellement vivante. Aucune exégèse ne peut prétendre en avoir épuisé le sens : il reste encore beaucoup à entendre, à comprendre et à découvrir de ce que Dieu veut dire à son peuple.

Ascension du Seigneur

Frères et sœurs, Vous qui êtes ici présents et vous qui m'écoutez sur les ondes de la radio nationale pour vivre la messe de l'Ascension, vous êtes bénis du Seigneur qui verse et déverse sur vous ses grâces en abondance. Nous sommes particulièrement en intention de prière avec tous les malades, les privilégiés de l'Eucharistie que nous célébrons aujourd'hui pour fêter la solennité de l'Ascension. Dans leur position d'écoute, qu'ils se sentent soutenus par la puissance de Dieu dans leur foi et que la lumière du Christ Ressuscité dissipe leur peur et leurs inquiétudes. Nous prions également pour que la célébration de l'Ascension soit pour eux l'occasion de sentir, d'une façon renouvelée, la présence réelle de Jésus aux côtés de chacun d'eux.

À l'Ascension, Jésus marque une rupture avec ses apôtres. La résurrection en avait déjà marqué une si nous considérons leur compagnonnage pendant la vie publique de Jésus. Leurs relations avaient changé d'aspect parce que Jésus était devenu pour eux inaccessible. Mais ils pouvaient encore le voir et l'entendre. Ils arrivaient encore à manger avec lui. Par contre, à l'Ascension, Jésus a disparu. Luc rapporte la scène dans les Actes des Apôtres :

« ... *ils le virent s'élever et disparaître à leurs yeux dans une nuée* ». Néanmoins il est toujours réellement présent, mais d'une présence qui est perçue autrement que par les yeux de chair. Les indices de sa présence malgré son départ existent dans l'expérience missionnaire immédiate des Apôtres. L'évangéliste Marc fait remarquer justement que « le Seigneur travaillait avec eux et confirmait la Parole par les signes qui l'accompagnaient ». Tout comme les apôtres, nous aussi nous expérimentons, au quotidien, dans notre vie de foi la présence de Jésus parmi nous et nous sommes appelés à l'expérimenter davantage. Avec Paul qui fait une lecture doctrinale de l'Ascension, nous en revivons les grâces d'une façon particulière.

Dans sa pensée, les signes de la présence de Jésus se retrouvent dans la vitalité de l'Eglise. Avant de s'en aller, Jésus s'est préoccupé du devenir de l'œuvre qu'il a entreprise. Il a nourri l'espoir de la voir fleurir après son départ. Alors il prend lui-même le soin de jeter les bases de la floraison. Il l'a fait en donnant les instruments de la vitalisation de l'Eglise. Il a fait, comme dit Paul, des dons aux hommes : « ce sont d'abord les Apôtres, puis les prophètes et les missionnaires de l'Evangile, et aussi les pasteurs et ceux qui enseignent ». Paul précise trois intentions qui motivent le don des charismes : l'organisation du peuple Saint (l'Eglise), l'accomplissement des tâches du ministère et la construction de l'Eglise, corps du Christ. L'évaluation du triple objectif par rapport à l'Eglise aujourd'hui donne un bilan positif. Nous pouvons affirmer que l'intention de Jésus est respectée. Les dons qu'il a fait sont fructifiés. Les fruits qu'ils portent se remarquent dans L'Eglise catholique qui est dotée d'une structure et d'une discipline multiséculaires. Cela fait notre orgueil.

S'il y a une joie à éprouver et des grâces à extraire de la fête de l'Ascension ce sont la fierté d'appartenir à l'Eglise et de jouir des grâces de la discipline qui s'y exerce. L'oraison d'ouverture nous le faisait dire déjà: « nous sommes les membres de son corps ».

La célébration de l'Ascension nous amène à prendre conscience de notre appartenance au corps du Christ et à vivre dans l'espoir de le rejoindre dans la gloire du Père. Pour y arriver, nous n'allons pas rester à regarder le ciel comme les galiléens du temps de Jésus. Nous ne chercherons pas non plus à entreprendre un vol spatial comme le cosmonaute soviétique Youri Gagarine en avril 1961 ou un voyage interstellaire comme l'astronaute américain Neil Armstrong en juillet 1969. Il s'agit plutôt pour nous de chercher à entretenir la place que nous occupons dans l'Eglise pour le maintenir. L'évangile nous donne les moyens d'y parvenir. Dans le récit de Marc, Jésus donne un ordre de mission aux apôtres : « allez dans le monde entier. Proclamez la bonne nouvelle à toute la création ». Le maintien de la place que le baptême nous offre dans l'Eglise est assuré par notre participation à la mission de l'Eglise. Si nous y sommes, mais inactifs amorphes et indolents, nous courrons le risque de la désertion. La meilleure façon de vivre avec Jésus dans son Eglise est de la construire avec lui dans avec notre part d'activité. L'Ascension est alors pour nous l'occasion de nous examiner et d'évaluer notre degré d'engagement dans le rayonnement des activités de la communauté ecclésiale à laquelle nous appartenons. Une vue d'ensemble nous fait voir plusieurs types de déviations. Il y a ceux qui désertent l'Eglise parce qu'ils se retrouvent sans rôle, sans activité. C'est ceux dont le manque d'engagement a entraîné non seulement la tiédeur de la foi mais sa dégradation et sa ruine complètes. Il y a aussi ceux qui vendent leur place, leur appartenance à l'Eglise contre des intérêts matériels. Ce sont ceux qui n'hésitent pas à se commettre avec des sociétés secrètes pour se faire de l'argent. Ils continent de s'appeler chrétiens alors qu'ils se revêtent d'un autre manteau qui souille le nom de chrétien.

Frères et sœurs, nous sommes invités à faire un bilan pour voir dans quelle catégorie nous nous trouvons. Prions pour que l'Esprit Saint dont nous attendons l'effusion nous éclaire et nous aide à bien nous situer par rapport à notre rôle missionnaire dans l'Eglise de Jésus Christ. C'est le moyen par lequel nous allons expérimenter, comme les apôtres, la présence de Jésus Ressuscité, retourné vers le Père mais toujours présent parmi nous.

Samedi de La 6ème semaine pascale

Le parcours apostolique et missionnaire de Paul est dans sa dernière phase. Les spécialistes de Paul parlent en terme de troisième voyage missionnaire. Il est tout autant déterminant que les deux premiers voyages. Mais il porte une particularité liée à la division géographique initiale de la mission.

Précédemment dirigée vers la gentilité, la mission de Paul a connu, dès le début de son troisième voyage une nouvelle orientation. Elle est consacrée aux juifs. Elle fait apparaître quelques figures qui méritent une attention spéciale à cause de leur rôle dans l'activité missionnaire de Paul. Il y a d'une part Aquila et Priscille, deux personnages importants dans la chronologie de Paul : en 49-50, un édit de l'empereur romain Claude renvoyait tous les juifs de Rome. Aquila et Priscille qui sont des juifs avaient donc quitté Rome pour venir s'installer à Corinthe où Paul est venu faire leur connaissance. Ils entretenaient entre eux une solidarité pastorale soutenue par leur métier commun de fabricant de tentes. Au moment où Paul embarquait pour son dernier voyage missionnaire, Priscille et Aquila s'étaient portés volontaires pour l'accompagner. Il y a d'autre part, Apollos, un juif originaire d'Alexandrie. Il avait une certaine connaissance de la doctrine du christianisme qu'il fructifiait avec son éloquence et son application à l'étude des Ecritures : il était « *versé dans les Ecritures* ». Tout cela lui permettait d'enseigner dans la synagogue.

L'intervention de Aquila, Priscille et dans la mission de Paul nous interpelle fortement aujourd'hui sur un devoir. Je l'ai déduit de la réaction de Priscille et Aquila : en entendant Apollos prêcher et enseigner dans la synagogue, ils ont remarqué que sa connaissance de la doctrine était lacunaire. Son christianisme, malgré son zèle, était incomplet. Alors, Priscille et Aquila ont renforcé sa formation en lui exposant l'orthodoxie et l'amplitude de la foi. Il a eu un encadrement solide qui lui a permis, par la suite, de bien réagir sur le terrain : « *il réfutait vigoureusement les juifs en public, démontrant que Jésus est le Christ*». Belle leçon pour nous !

Il est toujours nécessaire et urgent de mettre un accent spécial sur la formation doctrinale des missionnaires de l'Evangile avant le début de leurs activités. Vous constatez qu'il ne s'agit pas d'ériger un hangar dans un coin du village, de compter sur quelques versets bibliques mal assimilés et de profiter de son éloquence pour se dire missionnaire ou pasteur. Il y a depuis l'année dernière, au Bénin, un nouveau groupe qui se dit missionnaire : la communauté internationale des hommes d'affaire. L'un de leur responsables qui s'appelle l'orateur principal, déclare que la communauté n'est pas une secte car elle est ouverte à tout le monde, ni une Eglise : elle ne sera jamais église. Leur devise est : évangélisation des laïcs par les laïcs. Leur base : la Parole de Dieu. Le groupe réunit des rosicruciens, des éckistes, bref, des personnes qui ont parcouru la plupart des cercles ésotériques. Formés, formés au rabais, ou pas du tout formés, ce qui est sûr, c'est qu' ils cherchent à nous devancer ou à nous rejoindre sur le terrain de l'évangélisation. Ne soyons pas tentés de voir s'ils sont formés ou s'ils sont mal formés.

L'expérience de Aquila, Priscille et Apollos nous montre que toute mission évangélique qui n'a pas été préparée par une formation sérieuse est douteuse à la base. En recherchant le sérieux de la formation, nous pouvons reconsidérer l'allure et le rythme de la formation chez les Diallobé :

« *Ce jour-là, Thierno l'avait encore battu. Cependant, Samba Diallo savait son verset. Simplement, sa langue lui avait fourché. Thierno avait sursauté comme s'il eût marché sur une des dalles incandescentes de la géhenne promise aux mécréants..* »[22].

«*...Répète !... Encore… ! Encore !... Sois précis en répétant la Parole de ton Seigneur. Il t'a fait la grâce de descendre son verbe jusqu'à toi. Ces paroles, le Maître du Monde les a véritablement prononcées. Et toi, misérable moisissure de la terre, tu te négliges au point de les profaner. Tu mérites qu'on te coupe mille fois la langue* »[23]

---

[22] Cheikh Hamidou Kane, *L'aventure ambiguë*, p.13
[23] Id., p.14

Homélies (Année C)

La consigne '**Homélies – Année**' revient par la suite deux fois : une fois pour marquer les homélies de l'année B et une autre fois pour celles de l'année C. Le lecteur est invité à s'apercevoir qu'il s'agit d'homélies rédigées non pas pour tous les jours de la semaine et pour tous les dimanches de l'année liturgique mais seulement pour les jours de la semaine et pour les dimanches indiqués et qu'il découvre en ouvrant les pages.

Le contenu de chaque texte respecte les principes de base d'une homélie à savoir : *que dit la parole de Dieu ? ; que dit-elle dit au prédicateur ; que peut en dire le prédicateur au peuple de Dieu ?*.

Sur la base de la triple consigne, ont été rédigées les homélies que comporte le présent ouvrage.

Il est particulier non seulement parce que les homélies ont été faites dans le cadre de la formation des séminaristes propédeutiques au séminaire St Joseph de Missérété au Bénin entre octobre 2004 et juin 2007.

Le texte pourrait intéresser le lecteur à cause de la préoccupation d'inculturation qui lui est sous-jacente. L'ancrage sur la culture africaine y est en arrière-plan

Homélie du premier Dimanche de l'Avent

Frères et sœurs en Christ,

Le cycle liturgique a pris fin par la mémoire du Christ-Roi. Nous l'avions célébré dimanche dernier par une procession. Maintenant, l'Eglise initie le début d'un temps sacré : l'Avent.

Les textes de la liturgie des semaines à venir marquent par conséquent une rupture avec la littérature apocalyptique, caractéristique de la parousie véhiculée par la 34ème semaine ordinaire. Mais les dispositions liturgiques consacrent le premier dimanche de l'Avent à la méditation sur le second avènement de Jésus Christ en continuité avec la thématique eschatologique de la semaine précédente. Toutefois, la perspective de l'Avent garde toute sa place dans la liturgie d'aujourd'hui. Elle se prolongera jusqu'à la fête de la venue du Christ dans la chair (Noël).

Le temps de l'Avent se caractérise par l'attente. Mais, frères et sœurs, qu'allons-nous attendre en fait ? La naissance du Sauveur le 24 décembre prochain ? Ce serait une double erreur historique et théologique ! Car il y a eu un Avent très précisément actualisé dans le temps : celui de la nativité humaine de Jésus, né de la Sainte Vierge Marie, à Bethléem, qui marque l'irruption dans l'histoire de la création de celui qui, au sein de l'éternité, est né du créateur, créateur lui-même. L'histoire deux fois millénaire de l'Eglise qui a franchi le seuil du troisième millénaire, a commencé dans le silence et dans l'humilité de l'étable de Bethléem, lorsque Jésus y est entré. S'il est vrai que dans la célébration liturgique nous attendons la mémoire de ce jour béni, il est tout aussi urgent de ne pas y voir un simple récit historique, mais un mémorial vivant, une nouvelle représentation réelle de cet événement, dans l'efficacité de son pouvoir de salut. Dans cette optique, le contenu de notre attente sera axé sur nos besoins intérieurs, nos aspirations vitales, matérielles et spirituelles, toutes choses qui manifestent notre soif de Dieu difficilement étanchée à cause des facteurs d'obstruction de la réalisation de notre salut. En effet, celui qui vient et qui est ardemment attendu, c'est le don de l'amour de Dieu, le don parfait, le fils même de Dieu, fait homme pour nous permettre de recevoir en récompense la vraie liberté. Il vient sauver des hommes et des femmes en situation. Dans l'histoire du peuple d'Israël, l'attente était subordonnée à une situation politico-religieuse : ruine du Royaume de Juda, conquête de Jérusalem par Nabuchodonosor, suivie de la déportation d'une partie de ses habitants. Le drame d'Israël s'aggravait au rythme de la succession des rois sur le trône de David. A bout de souffle et désespéré, le peuple criait sa souffrance. Il était déçu. Dieu lui promet le meilleur roi, celui qui fera régner le droit et la justice. Le peuple attend. Il espère. À un moment donné, l'attente se faisait longue et indéfinie. Le peuple se demandait si le monde était vraiment en marche vers le Royaume, si Dieu était mort ou s'il avait oublié sa promesse. Et au moment où toute l'espérance s'était éteinte, le prophète Jérémie intervient, apaise le peuple, le rassure et ravive son espérance.

Tout comme Israël dans le temps, chaque peuple de la terre attend son bonheur, l'heure de sa délivrance compte tenu des souffrances et des difficultés liées à ses conditions de vie.

Pour nous, peuples d'Afrique, les souffrances, ce ne sont pas les cataclysmes cosmiques décrits dans l'Evangile. Le soleil, chez nous, garde toujours son éclat. Il est rarement soumis à l'éclipse. La lune et les étoiles sont toujours en place. Il n'y a pas de tremblement de terre, du moins pour le moment. Nos malheurs et nos souffrances sont d'un autre ordre et pourraient définir le contenu de notre attente. Nous attendons la fin de nos maladies, surtout celles horribles qui ravagent des milliers de personnes à une fréquence de plus en plus croissante. « Lorsque vous avez terminé la lecture de cette page, écrivait l'auteur de l'article d'une revue, six jeunes de moins de 25 ans à travers le monde auront contacté le virus du sida, la plupart d'entre eux en Afrique ». Au cours de la semaine, l'Evangile selon Saint Matthieu fera part des multiples guérisons opérées par Jésus pour combler l'attente des personnes qui souffraient de maladies diverses.

Que ce soit pour nous l'occasion de présenter à Dieu tous les hommes, toutes les femmes, tous les enfants handicapés et minés par toutes sortes de maux physiques et psychiques, à commencer par nous-mêmes. Car quelque part chacun de nous porte une infirmité. Nous attendons aussi la fin des prolongations indéfinies au pouvoir. Tout comme Israël dans son attente du vrai roi, nous sommes dans l'attente des vrais dirigeants, capables d'instaurer la justice et la paix pour le bien-être de tous. Et nous sommes confiants que ce nouveau soleil brillera un jour sur nos peuples. Dans notre attente du jour nouveau où tout sera renouvelé dans le Christ, nous sommes invités à croire d'abord que nous vivons des situations humaines passagères. Elles ne sont pas définitives. Il y aura un moment où elles disparaîtront : « En ces jours-là, en ce temps-là, Juda sera délivré, Jérusalem habitera en sécurité. » Nous pouvons aussi faire nôtre la prophétie de Jérémie. L'une des caractéristiques de notre attente, c'est l'espérance de ce nouveau jour. Ensuite, rassurons-nous que la source du vrai bonheur, c'est Dieu lui-même :

« *Je ferai naître chez David un germe de justice, et il exercera dans le pays le droit et la justice...* »

Il est vrai que nous ne pouvons plus rêver à l'existence d'un régime théocratique à la façon de celui d'Israël avant le temps des Juges. Mais nous croyons à l'intervention de Dieu dans notre vie pour renouveler et changer le cours de l'histoire de nos sociétés, de chacun de nous, du pire au meilleur. Enfin, nous n'allons pas faire preuve de passivité dans notre attente du salut. Une prise de conscience profonde de nos faiblesses, de nos vides, crée en nous un espace pour Dieu et nous ouvre déjà le chemin du salut. À cela il faudrait joindre la recommandation de St Paul à savoir faire de nouveaux progrès. Il nous invite à mettre toute notre vie en perspective. Les Chrétiens ne sont pas tournés vers le passé mais vers l'avenir. Mettre toute notre vie en perspective, c'est la vivre en la misant sur le Royaume.
Implorons l'Esprit saint sur chacun de nous.

« *Seigneur, tu as aimé l'homme, et tu l'as comblé de toutes les richesses spirituelles le jour où tu as mis devant ses yeux la Parole qui donne la vie.*

Tu restaures l'homme dans ta maison et tu lui confies une mission qui lui convient selon ton choix. Tu donnes à tous la capacité d'accomplir cette mission tout le temps que nous nous engageons à ton service, cherchant ce qui te plaît dans cette maison que nous habitons. Mais Seigneur, parfois nos nuits sont trop ténébreuses et nos jours trop pénibles. Nous te demandons de nous envoyer ton Esprit Saint que tu as promis à tes disciples, afin que, renouvelés par lui, nous puissions cheminer jusqu'au bout, attendant ta venue que nos cœurs espèrent... »

3ème semaine de l'Avent : 17 décembre

L'arbre généalogique de Jésus donne les preuves de la grande sollicitude de Dieu pour l'humanité. Il ne fait de son Fils le descendant d'une superstructure extraterrestre. Il lui fait emprunter le chemin de la généalogie ordinaire marquée par des épisodes d'histoire heureuse et aussi malheureuse, par des hommes et des femmes remplis de qualités mais aussi de défauts. En témoignent les exemples choisis dans chacune des quatorze générations de la généalogie de Jésus. Le premier : Abraham est pris au début de l'arbre généalogique, le deuxième au milieu, Achaz et le troisième, à la fin : Marie.

Abraham est remarquable pour la qualité et la grandeur de sa foi. Il était l'homme qui obéissait sagement aux recommandations de Dieu. Il pouvait aller sans savoir où aller, pourvu que ce soit l'injonction de Dieu. Il avait le courage de recevoir de Dieu le cadeau le moins espéré (un enfant dans la vieillesse) et la force de le rendre si c'est la volonté de Dieu.

Par contre Achaz est le type d'homme dont les traits de caractère et les habitudes contrastent avec Abraham. Il n'avait aucune crainte de Dieu. Dans la succession des rois sur le trône de David, Achaz était un contre-exemple. A sa personne se rattachent les sacrifices d'enfants. Il avait offert un de ses fils en sacrifice par le feu. La figure de Marie est la plus admirable de tout le lot. Dieu l'a choisie pour rétablir l'ordre primitif de la création. Elle avait pour vocation et pour mission d'accepter que la chute de l'humanité se transforme en victoire, grâce à sa disponibilité. La petite fille, puis la jeune fille du Nord de la Palestine, de la petite maison en banco, à peine éclairée de Nazareth en a eu le courage. Par elle, Jésus est venu dans le monde à travers la lignée de David. L'appartenance de Jésus à la descendance de David, en particulier, et à la race humaine, en général, est le moyen que Dieu a choisi pour corriger le passé défectueux de l'humanité et lui imprimer des marques de perfections progressives. En cela, la généalogie de Jésus est pour chacun de nous un appel à l'intégration dans notre famille, notre culture, notre race et notre peuple.
Elle nous situe par rapport à notre vie et nous enseigne que nous sommes en bonne position et à notre place.

Elle demande surtout que nous sachions identifier les aspects négatifs de notre existence afin de pouvoir les assumer.

3ème semaine de l'Avent : 18 décembre

L'histoire des religions révèle que parmi les théophanies du Proche – Orient ancien, le judaïsme est particulier. Chez les juifs, Dieu, est en perpétuelle autorévélation de son nom. Il se choisit des hommes pour des desseins déterminés. C'est le cas avec Moïse et le peuple d'Israël. Les autres civilisations observent le mouvement contraire :
« *les gens eux-mêmes se choisissaient leurs dieux en fonction de leurs besoins et selon les forces qu'ils découvraient dans la nature. Par exemple, les Egyptiens reconnaissaient la puissance du soleil et acclamaient ''Râ'' comme le dieu-Soleil, capable d'apporter a lumière, la chaleur, mais aussi de rendre fertile la terre. Les anciens Babyloniens voyaient dans la puissance de l'eau, à la fois une force de destruction et une force vitale, et ils se soumettaient en conséquence à Behemoth* »[24]. Au contraire, aux esclaves hébreux, de condition très humble, Dieu révèle son nom après les avoir choisis. Dans la même logique, il choisit et envoie son Fils comme Seigneur pour renouveler l'expérience qu'il avait entreprise avec son serviteur Moïse à savoir la libération de son peuple de l'esclavage.

La prophétie de Jérémie est un oracle messianique qui situe la venue de Jésus dans la même perspective. Il montre la permanence du choix de Dieu sur Israël. Son intervention concerne non plus seulement le peuple d'alors, celui de la souffrance en Egypte, mais aussi le peuple de la diaspora du temps de Jérémie. Le choix de Dieu, dans l'évangile vise, certes, Jésus. Mais avant Jésus, il y a eu Marie, la petite fille, puis la jeune fille du Nord de la Palestine, de la petite maison en banco, à peine éclairée de Nazareth, remarquable par la grandeur de sa disponibilité. Il y a eu aussi Joseph, l'homme du silence et du discernement, pondéré dans ses décisions, flexible à l'écoute de la voix de Dieu. Ils sont tous deux les instruments de la réalisation historique du plan de salut de Dieu sur l'humanité.

Par leur intercession, puissions-nous mériter le choix que Dieu a porté sur chacun de nous.

3ème semaine de l'Avent : 19 décembre

« *On ne lui coupera pas les cheveux, car il sera voué à Dieu dès sa conception. C'est lui qui entreprendra de sauver Israël de la main des Philistins* ».

Je nous en propose une grille de méditation qui élargit l'enseignement relatif à la liturgie d'aujourd'hui. Une dimension populaire et profane est rattachée à l'histoire de Samson. Les profanes en font un héros local, depuis le début de sa vie jusqu'à sa fin. « Il est fort comme un géant et faible comme un enfant ». Séducteur des femmes, il est malheureusement trompé par elles. Il a une certaine ''Dalila'' pour le perdre. Elle a réussi à lui faire manquer à son vœu de nazir ». L'histoire profane raconte aussi que Samson « joue de mauvais tours aux Philistins mais n'en délivre pas le pays ». En contraste avec l'aspect populaire et profane, la vraie histoire de Samson est celle d'un homme consacré à Dieu dès le sein de sa mère. Son naziréat est réel. Il est la source de sa force et fait de Samson un leader charismatique. La main de Dieu était sur lui.

---

[24] Cf. Kephas, t. 1, p. 148

De la horde de femmes qui l'entraînaient dans ses aventures, Samson est sorti sain et sauf grâce à la force que Dieu donne à l'homme qui lui est consacré. L'intention de l'extrait des Juges prévu par la liturgie d'aujourd'hui comporte un enseignement qui prend en compte l'évangile. C'est le rôle joué par des personnes choisies par Dieu, précurseurs de Jésus dans le déroulement de l'histoire du salut. *Jean-Baptiste* et *Samson*. Leur vie porte des traits de similitude qui vont dans le sens de leur vocation. Leur venue au monde est souvent précédée par des événements mystérieux : promesse d'enfant dans la situation stérilité bien assumée par leurs mères. Le récit de leur venue au monde est marqué, au début, par un genre littéraire particulier : celui des naissances prédestinées. Ils sont consacrés en vue de l'accomplissement du plan de salut de Dieu.

Avec l'expérience de chacun d'eux, nous pouvons reconsidérer les implications pastorales et spirituelles de notre vie du chemin de consécration sur lequel nous nous trouvons.

3ème semaine de l'Avent : 20 décembre

Le roi Achaz est important dans l'histoire du peuple d'Israël et encore plus important dans l'histoire de Jésus Christ. Dans la succession des rois sur le trône de David en Israël, il a été un contre-exemple : à sa personne se rattachent les sacrifices d'enfants. Il avait même offert un de ses fils en sacrifice par le feu. Pourtant il figure en bonne place dans la généalogie de Jésus. Il appartient à la deuxième série des quatorze générations, celle qui s'étend de David à l'exil à Babylone. Mais plus qu'une simple appartenance, la présence du roi Achaz dans la lignée de Jésus s'inscrit dans l'expression du messianisme royal. Par un roi, successeur de David, Dieu donnera le salut à son peuple. L'espérance des fidèles de Dieu repose sur la permanence de la lignée davidique. L'oracle d'Isaïe visait immédiatement la naissance d'un fils à Achaz, en la personne d'Ezéchias. Mais son expression solennelle et « le sens fort du nom symbolique donné à l'enfant » amènent à conclure que Isaïe soupçonne « une intervention de Dieu en vue du règne messianique définitif ». La prophétie de l'Emmanuel dépasse ainsi sa réalisation immédiate et si l'évangile l'a reprise, c'est pour y reconnaître l'annonce de la naissance du Christ. L'allusion à Achaz dans la liturgie d'aujourd'hui indique la part de faiblesse que contient l'arbre généalogique de Jésus. Elle signifie en même temps que Jésus en est issu pour corriger le passé défectueux de sa lignée et de son peuple et pour lui imprimer des marques de perfections progressives. C'est pour chacun de nous un appel à l'intégration dans notre famille, notre culture, notre race et notre peuple. Nous y sommes en bonne position et à notre place. Nous savons déjà en identifier les aspects négatifs. Il reste que nous apprenions à les assumer et à les corriger.

3ème semaine de l'Avent : 21 décembre

La liturgie préparatoire à la Noël comporte aux vêpres, à partir du 17 décembre jusqu'à la veille de Noël, les « antiennes O ». Elles sont ainsi désignées pour donner divers attributs à Jésus Christ dans un sens particulier à chacun des jours : « O Sagesse de la bouche du Très-Haut » ; « O chef de ton peuple Israël » ; « O, Rameau de Jessé » ; « O Soleil levant » ; « O clé de David » et, pour, aujourd'hui, : « O soleil levant ».

L'antienne O d'aujourd'hui prend un sens naturel pour ceux qui vivent dans l'hémisphère Nord. Les nuits sont actuellement les plus longues de l'année. C'est le temps où « La lumière semble perdre une bataille contre l'obscurité ». Cela coïncide curieusement avec la défection énergique qui entraîne actuellement dans la plupart des capitales africaines le délestage continu. Le fleuve Congo, considéré comme capable d'alimenter seul toute l'Afrique en électricité est en perte de croissance énergétique. Alors, nous n'avons qu'à implorer Jésus, « Soleil levant » pour qu'il vienne briller sur nous de l'éclat interminable de sa lumière. Qu'il veuille bien aider à activer toutes les possibilités et soutenir les efforts qui se déploient pour que nous ayons la lumière en permanence.

Le besoin de lumière est encore plus urgent pour notre vie de foi. Lorsqu'elle connaît des moments d'obscurité et de doute, nous avons à recourir à Lui, Jésus, Soleil Levant, pour être sûr d'être toujours bien éclairé.

6ème Dimanche de Pâques

L'anaphore qui scande la série des lectures de la liturgie depuis quelques semaines joue un rôle suprême et sublime. En cherchant à l'identifier, j'ai pu repérer le centre d'intérêt pouvant constituer la clef de lecture, d'interprétation et de méditation des textes d'aujourd'hui.
« *A l'heure où il passait de ce monde à son père, Jésus disait à ses disciples ...* ». L'anaphore ici n'est pas une fantaisie, un hasard. Elle n'est pas innocente. Elle a une fonction liée à l'intention du texte qu'elle introduit à chaque moment de son emploi. Elle nous montre que Jésus voulait introduire ses Apôtres dans une psychologie : *la psychologie de la mission*. Mis à part, son effet rythmique, l'anaphore m'a fait penser à l'insistance, la répétition dont Jésus a fait preuve pour inoculer aux apôtres le virus de la mission, à la veille de sa passion.

« *A l'heure où Jésus passait de ce monde à son Père, il disait à ses disciples...* ». Le décor que plante l'anaphore utilisée me fait penser à un autre décor : « *Travaillez prenez de la peine, c'est le fonds qui manque le moins. Un riche laboureur, sentant sa mort prochaine, fit venir ses enfants, leur parla sans témoin...* ».

Un décor à but missionnaire également : « *Creusez, fouillez, bêchez, ne laissez nulle place où la main ne passe et repasse...* ». Le père arme ses enfants pour le combat de la vie. Jésus le premier en a donné l'exemple. Il a vaillamment préparé ses apôtres pour la mission évangélique. L'anaphore est employée chaque fois pour indiquer le type d'arme et le type de combat que Jésus offre aux apôtres en préparant leur psychologie à la mission. Aujourd'hui, il leur suggère l'impératif de l'amour de Dieu, l'amour du prochain ayant été suggéré antérieurement. Il leur fait un don : « *c'est la paix que je vous laisse...* ». Et il les comble de paroles de réconfort : « *Ne soyez pas bouleversés et effrayés* ». Vers la fin de l'entretien, il va prier pour eux et les bénir. C'est la fonction de l'anaphore du dimanche prochain. En examinant la facture du dernier entretien de Jésus avec les apôtres, en se rendant compte de sa texture didactique, et en le comparant avec plusieurs autres, expérimentés dans le rang des humains, d'aucuns pensent, à juste titre, qu'il s'agit d'un testament, et ils aiment l'appeler testament spirituel (les grands axes du testament). Nous pouvons aussi, en lien avec notre grille de méditation, le voir dans le sens d'un guide. Je l'appellerai volontiers le code missionnaire de Jésus à ses apôtres. J'ai pensé cela parce que les apôtres y ont puisé tout l'élan missionnaire propulseur. Il leur avait permis d'intérioriser les différentes phases de la préparation psychologique et de développer à bien leur mission. (La division territoriale (la géographie) de la mission : Pierre = Juifs / Paul = païens). Ils y ont puisé la force nécessaire pour affronter les difficultés liées à la mission : plusieurs fois embastillés, fouettés, persécutés et contredit, et même divinisés (à Lystres, ils prenaient Barnabé pour Zeus et Paul pour Hermès parce que c'était lui le porte-parole).

Entre autres difficultés, ils avaient à faire face aux troubles causés dans la communauté d'Antioche par les enseignements de missionnaires non mandatés (Les faux docteurs. C'était sérieux : litige – conflit). Le collège apostolique est averti. La question est examinée en plénière (divers discours : Pierre, Jean et Jacques, responsables de l'Eglise de Jérusalem). Le nœud de la question c'était de savoir si les helléno-chrétiens doivent transiter par le judaïsme avant d'être christianisés. Alors les apôtres avaient à se demander ce qu'il faut exiger de la part des helléno-chrétiens pour que les judéo-chrétiens puissent les fréquenter sans souillure légale.

Les résolutions prises sont formulées dans une lettre apostolique à lire à la communauté d'Antioche par Paul et Barnabé avec Jude et Silas, compagnons missionnaires, assistants pastoraux.

Elles révèlent une disposition pastorale prise par les apôtres pour enraciner, consolider et affirmer la foi des néophytes (helléno-chrétiens). En réalité, ils ont pensé la foi des païens en fonction de leur passé. Penser la foi en fonction du passé.

S'il est une psychologie de la mission évangélique, dans laquelle la liturgie nous invite à rentrer aujourd'hui, c'est à mon sens celle d'une évaluation de notre vie de foi d'abord en tant que chrétien africain et ensuite en tant que futur pasteur devant développer la mission dans le monde du XXIème S.

En venant évangéliser les populations africaines en 1861, les missionnaires étaient animés de bonnes intentions, de bons objectifs pastoraux. Mais la plupart avaient oublié que la foi dont ils étaient venus jeter les bases, devait atterrir sur le passé culturel des peuples africains. Il avait fallu une décision apostolique du Pape Alexandre VII pour que soient définies des orientations formelles pour l'action missionnaire. Mais Alexandre VII est intervenu après bien des dégâts dont nous faisons les frais jusqu'à nos jours.

L'ayant remarqué et après en avoir pris conscience, plusieurs églises locales ont essayé de définir des perspectives pastorales dans le but de féconder la culture à la lumière de la foi. Pour que la foi s'enracine, il aurait fallu ne pas supprimer la culture. Il aurait fallu la considérer.

Nous sommes informés de la situation. Nous en avons pris la mesure. Il reste que nous agissions.

Il me semble que l'une des façons d'agir bien, ce n'est pas de nous abstenir de manger de la viande non saignée, mais c'est de repenser notre foi en tenant compte de notre histoire. Les apôtres l'avaient fait pour les helléno-chrétiens. Les missionnaires ne l'avaient pas fait pour nous. Il nous revient de le faire pour nous mêmes et pour nos peuples. Nous le ferons à la lumière des défis actuels de la foi.

En cela, certaines églises locales d'Occident nous interpellent fortement : ils repensent la foi à la lumière des défis actuels de société. L'Eglise de France a entrepris courant 2001 « *le chantier de la catéchèse* ». C'est une série de réflexion ouverte pour inaugurer un changement dans l'approche de la catéchèse et donner des modalités nouvelles pour la pratique catéchétique des années à venir. Raisons : les évêques prenaient acte que la foi chrétienne ne faisait plus partie des évidences culturelles et spirituelles pour les hommes et les femmes du début du XXIème S. (Cf. Questions Actuelles, revue internationale de réflexion chrétienne).

Comme eux, nous avons l'impérieux devoir chrétien d'examiner notre foi en fonction de notre passé et en prévision de notre avenir. Ce sera un travail de longue haleine. *« Repenser la foi en tenant compte du poids de notre histoire est une affaire* grave », pense **Jean Marc Ella**, qui nous a devancés et nous a balisé le chemin. Il a écrit un livre de 448 pages intitulé *'Repenser la théologie africaine'*. Nous pouvons y puiser des éléments de réflexion et de méditation nécessaires pour la mission d'enracinement de la foi.

Que l'Esprit Saint, le Maître de la mission, soutienne nos efforts.

11ème Dimanche du Temps Ordinaire

Chers frères, chères sœurs,

Depuis trois dimanches, l'Eglise, notre mère nous fait contempler des mystères en Dieu. Le premier est beaucoup plus de l'ordre d'un événement extraordinaire rattaché à une réalité historique juive : la Pentecôte. C'est le miracle de la glossolalie. Le 2ème distingue en Dieu 3 personnes. C'est le mystère de la Trinité. Le 3ème est celui que nous célébrons aujourd'hui : le mystère eucharistique, le grand mystère de la foi. L'Eglise l'honore particulièrement dans une solennité appelée la *Fête-Dieu* ou *fête du Saint Sacrement* ou encore *fête du Corps et du Sang de Jésus*. Curieusement, la Fête-Dieu a été instituée à une époque où l'on communiait peu. Elle a été célébrée pour la 1ère fois à Liège en 1246. Le pape Urbain IV va l'étendre à toute l'Eglise en mémoire de l'institution de l'Eucharistie. Il l'a instaurée comme acte de culte public rendu au Christ présent dans l'Eucharistie. Sa célébration est devenue effective dans l'Eglise au cours du XIVème siècle et rapidement, il s'est développé l'habitude d'accomplir, le jour de la fête, une procession du Saint Sacrement. Le clergé souhaitait montrer le Saint Sacrement aux fidèles au cours des processions. De là est née l'idée de placer des hosties dans des monstrances de reliquaires. C'est ainsi que furent réalisés les premiers ostensoirs (Cf. Théo) pour la contemplation du mystère.

Aujourd'hui, en principe, nous devrions tous nous installer à l'Eglise et nous mettre dans une position de contemplation comme dans un passé récent en présence des reliques de sainte Thérèse. Aujourd'hui où il y a plus que Thérèse, il y a plus de raisons pour que chacun consacre au moins 10 minutes silencieuses d'adoration et de contemplation à Jésus présent dans son corps et dans son sang au tabernacle. Les textes de la liturgie sont eux aussi dans l'optique de la contemplation du mystère. L'histoire du Patriarche Abraham et du personnage Melchisédech est centrée sur le pain et le vin et inclut en même temps la double bénédiction : *« Béni soit Abraham par le Dieu très-haut, qui a fait le ciel et la terre ; béni soit le Dieu très-haut qui a livré tes ennemis entre tes mains. »*. La bénédiction est signe et facteur de bénédiction. Melchisédech, d'après le Psaume 110, 4 est une figure de David qui est lui-même une figure du Messie, roi et prêtre. La tradition patristique a exploité et enrichi l'exégèse allégorique relative à Melchisédech.

Elle voit dans le pain et le vin apportés à Abraham une figure de l'Eucharistie, et même un véritable sacrifice, figure du sacrifice eucharistique. Plusieurs Pères avaient même admis qu'en Melchisédech le Fils de Dieu était apparu en personne. Avec Paul nous avons le premier texte sur l'Eucharistie, le récit de l'institution dont nous faisons mémoire historique et que nous fêtons le jeudi saint avec une certaine retenue, en raison du contexte du Triduum pascal. Le texte est intervenu dans un contexte de querelle, de conflit et de division dans l'Eglise de Corinthe. Il m'a plu de le rappeler pour faire mieux contempler l'un des aspects du mystère que nous célébrons aujourd'hui. Paul : *« ... j'apprends (...) que lorsque vous vous réunissez en assemblée, il se produit parmi vous des divisions et je le crois en partie (...). Lorsque vous vous réunissez en commun, ce n'est plus le Repas du Seigneur que vous prenez. Dès qu'on est à table en effet, chacun prend d'abord son propre repas et l'un a faim tandis que l'autre est ivre. Vous n'avez donc pas de maisons pour manger et boire ? (...) Sur ce point je ne vous loue pas. Pour moi, en effet, j'ai reçu du Seigneur ce qu'à mon tour je vous ai transmis... ».* L'intention de Paul, c'était d'apprendre aux Corinthiens et de nous faire contempler une exigence du repas du Seigneur à savoir la célébration commune dans la charité et non le fractionnement égoïste pour le contexte corinthien et l'indifférence, la passivité, l'inertie ecclésiale pour notre contexte. Dans l'Evangile Jésus saisit l'occasion de la multiplication des pains pour promettre solennellement la Sainte Eucharistie. Son action à la multiplication des pains force notre admiration. Il serait encore mieux qu'elle nous pousse à la contemplation du mystère que nous célébrons dans une attitude d'adoration soutenue par la foi. Sans la foi en réalité, il est difficile de contempler le mystère eucharistique. Des faits historiques miraculeux liés à l'Hostie Consacrée le prouvent. <u>*Prodiges eucharistiques*</u> de **Dom Joseph TOMASELLI** en rapporte plus d'une cinquantaine. Il a si bien fait de signaler ses motivations : *« En ce temps où la foi diminue, il est plus que jamais nécessaire de la réveiller dans les âmes (...) Le présent opuscule a pour but de confirmer la Foi eucharistique des croyants et de la remettre en pleine lumière sous les yeux des égarés. »*

Mais en réalité, les preuves dont nous avons besoin pour croire, ce n'est pas des miracles spectaculaires. Le seul miracle dont nous avons besoin se produit dans chaque célébration eucharistique : *le pain et le vin deviennent le Corps et le Sang de Jésus Christ au moment de la consécration.* C'est le grand mystère à contempler.

Dans la contemplation du mystère, nous finirons par reconnaître que le Repas du Seigneur que nous recevons quotidiennement nous donne les forces de Dieu :

Des millions de martyrs recevaient la Sainte Communion pour affronter toutes sortes de tourments et avant de subir leurs supplices.

D'admirables phalanges de vierges sont soutenues dans leurs luttes quotidiennes contre l'esprit impur et sont rendues capables de vivre dans une parfaite pureté d'esprit, de cœur et de corps parce qu'elles reçoivent chaque jour Jésus-Eucharistie dans la Sainte Communion.

C'est toujours Jésus-Eucharistie qui donne la force du détachement des biens terrestres pour vivre dans le silence des cloîtres.

Frères et sœurs, l'Eucharistie est d'une puissance miraculeuse. Si nous n'y croyons pas, d'autres y croient à notre place. Pour y avoir cru, plusieurs musulmans de Bobo Dioulasso ont essayé d'aller communier le dimanche à la cathédrale. Quand on leur a demandé ce qui les y poussait, ils ont répondu : « *On a remarqué que les pères, les sœurs, les chrétiens avaient peu d'accidents... peu de décès, et qu'ils vivaient en bonne santé... et on a appris que chaque dimanche ils reçoivent et mangent un pain de vie. Nous voulons nous aussi recevoir ce PAIN DE VIE.* ». Pour nous qui recevons non seulement chaque dimanche mais chaque jour la Sainte Communion, il n'est pas superflu de rappeler la nécessité de la confession fréquente.

Communier régulièrement et se confesser une fois en passant (une ou 2 fois par an) c'est être coupable de communion sacrilège, c'est ressembler à de petites souris qui viennent ronger des bouts de pain.

5ème *Cinquième dimanche ordinaire*

Une première lecture des textes d'aujourd'hui peut à juste titre nous amener à choisir un thème comme grille d'interprétation et de compréhension à savoir : *la vocation* ou *l'appel de Dieu en vue d'une mission déterminée*. Pour nous en convaincre, il nous suffira de considérer d'abord Isaïe dans sa vision théophanique ; vision qui se termine par le dialogue décisif d'envoi en mission « *qui enverrai-je ? qui sera notre messager ? et j'ai répondu : me voici, je serai ton messager : envoie-moi* ». Il faut ensuite voir Paul s'affirmer dans son apostolicité et indiquer son rôle de missionnaire de l'Evangile :

« *...qu'il s'agisse de moi ou des autres, voilà notre message et voilà votre foi*».

Il faut enfin se rendre compte que Pierre, dans l'évangile, après la pêche miraculeuse, est totalement disposé à recevoir sa mission. Il quitte son statut et son métier de pêcheur pour acquérir le nouveau statut de pêcheur d'hommes.

La première lecture, dimanche dernier, s'inscrit dans la même ligne de l'appel en vue d'une mission. Il s'agissait du cas du prophète Jérémie. Jérémie et Isaïe, rappelons-le, sont de très grands prophètes. *L'exégèse vétérotestamentaire a d'ailleurs à classifié la série des prophètes en parlant des 3 grands prophètes et des 12 petits prophètes*. Il est intéressant de relever certains contrastes dans les deux récits de vocation. Jérémie est reconnu comme prêtre. Le lieu où il a reçu son appel n'est pas connu. Isaïe, par contre n'est pas prêtre. Mais nous pouvons localiser et dater son appel : c'était dans le temple de Jérusalem, l'année de la mort du roi Ozias (*Ozias a régné à Jérusalem de 781 à 740 a. c. n. Il est mort de la lèpre probablement en 740*). Nous remarquons par ailleurs une grande similitude dans les deux récits : Isaïe et Jérémie, deux grands prophètes, mesurent et expriment leur petitesse devant l'appel de Dieu :

« *Ah Seigneur, je ne sais pas parler. Je suis un enfant* ». (Jérémie)
« *Malheur à moi ! je suis perdu car je suis un homme aux lèvres impures* ». (Isaïe)

Et il a fallu l'intervention puissante de Dieu pour que les deux prophètes se sentent prêts pour affronter la mission : il étendit la main et toucha la bouche de Jérémie pour y placer sa parole. Isaïe quant à lui a connu le rite de la purification des lèvres par le feu. Tous deux accompliront par la suite leur mission avec une grande fécondité prophétique. Isaïe avait prêché pendant 40 ans. C'est le prophète de la sainteté de Dieu. Dans la mémoire d'Israël, Isaïe est et demeure un grand prophète. Restant sauve la grille de lecture définie au départ, nous pouvons retenir que dans notre relation avec Dieu, il y a une première étape indispensable : *la reconnaissance de notre petitesse*. Cela crée apparemment un fossé entre Dieu et nous. Mais Dieu lui-même prend l'initiative de le combler. Les expériences vécues par Paul et Pierre en sont des preuves vivantes.

Malgré l'authenticité apostolique qu'il défend énergiquement et judicieusement, nous voyons en Paul le symbole de l'homme qui s'est vidé de lui-même pour recueillir la plénitude de Dieu. Il a eu le privilège de bénéficier de la révélation et du choix de Jésus Ressuscité dans un contexte de dépouillement, de dépossession total.. Il a d'abord expérimenté sa faiblesse, son impuissance et sa petitesse. Et alors, la grâce de Dieu lui a été offerte en abondance.

Il les a ensuite reconnues et exprimées : « *je suis le plus petit des Apôtres, je ne suis pas digne d'être appelé Apôtre puisque j'ai persécuté l'Eglise de Dieu* ».

De même, Pierre dans l'évangile a une réaction analogue à celle de Isaïe devant l'irruption de Dieu. Au vu de la quantité immense de poissons, symbole et preuve de l'immensité de la puissance de Dieu et de sa grâce, il ne pouvait que s'agenouiller et s'exclamer : « *Seigneur, éloigne-toi de moi, car je suis un homme pécheur* ». La distance est créée, le fossé s'est dressé. Il y a déconnexion. Mais elle n'est qu'apparente puisque Jésus a remis tout de suite le contacte : « *sois sans crainte, désormais ce sont des hommes que tu prendras* ».

La conscience et la reconnaissance de la petitesse, de l'état de faiblesse et de la situation de pécheur créé un abîme entre Dieu et nous. Ce sont les signes certains d'une vraie rencontre avec Dieu.

Si nous sommes généralement inconscients de notre péché, ce n'est pas que nous en soyons exempts, mais c'est le signe que nous ne rencontrons pas Dieu.

Pie XII écrivait que le péché de notre temps, c'est la perte du sens du péché. Et il a raison !

Nous n'allons pas nous étonner de la presque crise de foi que traverse aujourd'hui l'occident qui, se trouvant repu et imbu de lui même, ne sent plus aucun vide divin. Au contraire, lorsqu'il lui arrive d'y penser, il essaie de l'évacuer, prenant Dieu pour un spectre au mieux des cas et au pire, comme le ravisseur de sa liberté.

Nous les peuples africains, nous sommes généralement considérés comme naturellement religieux à cause de notre soif du divin due probablement à notre situation de manque, de petitesse naturelle. Mais nous courrons quotidiennement le risque de la religion de superficie, de périphérie.

Nous savons tous que l'époque moderne s'intéresse à la profondeur (plongée sous-marine, psychologie de l'inconscient, examen des autres planètes pour en explorer le contenu..). Pourtant, le rythme de notre vie nous fait toujours effleurer la surface des choses. Nous nous obstinons à chercher la satisfaction partout ailleurs, la trouvant de moins en moins à mesure que notre quête avance.

Une lecture négative justifiée de la religiosité de masse engendrée par l'arrivée des Reliques de Sainte Thérèse nous aide à faire l'état des lieux.

Frères et sœurs, l'auteur et l'acteur de l'assouvissement de notre quête de Dieu, c'est moins Sainte Thérèse que l'Esprit de Dieu.

C'est l'œuvre de l'Esprit de Dieu de nous mener dans les profondeurs de Dieu. Et Jésus remplit parfaitement cette mission. C'est lui qui nous dirige vers les profondeurs, là où nous pouvons trouver les éléments nécessaires pour combler véritablement nos âmes, dans la ligne de la volonté de Dieu.

En Le recevant tout à l'heure dans l'Eucharistie, demandons-lui de nous aider à toujours nous vider de nous-mêmes pour remplir de Lui.

2ème *dimanche de carême*

La description que présente la première lecture et l'Evangile retient beaucoup plus l'attention de l'auditeur africain que nous sommes. D'un côté nous nous voyons rejoints dans nos pratiques culturelles de sacrifices d'animaux en l'honneur des divinités. De l'autre, nous nous sentons intéressés par l'allure séduisante du récit de la transfiguration parce qu'il comble à peu près la soif du sensationnel qui nous caractérise souvent. En allant plus loin que le simple intérêt et la simple impression de contact et en initiant une méditation des textes, nous y découvrons un enseignement qui pourrait constituer notre clé de lecture et d'interprétation. Il m'a été inspiré de l'une des antiennes d'ouverture de la célébration : « rappelle-toi, Seigneur, tes tendresses, l'amitié que tu nous as montrées depuis toujours ».

S'il fallait choisir un thème de méditation pour la semaine, je l'intitulerais : Dieu à la recherche de l'homme malgré la rupture de l'alliance. La plupart des textes de la semaine rentrent d'ailleurs dans la même vision. L'alliance, dans la pensée biblique, touche la relation de l'homme à Dieu. Mais il concerne d'abord l'expérience sociale et juridique des hommes : les hommes se lient entre eux par des pactes et des contrats qui impliquent des droits et des devoirs le plus souvent réciproques. Nous pouvons distinguer les alliances de paix, les alliances entre frères, les pactes d'amitié et le mariage. L'histoire biblique offre plusieurs exemples d'alliances empruntées au Moyen Orient ancien tels que les pactes de vassalités : traités inégaux où le puissant promet sa protection au faible et en contrepartie le faible s'engage à servir son suzerain. Mais le puissant l'accorde selon son bon plaisir et dicte ses conditions.

La conclusion du pacte se fait suivant un rituel se consacré par l'usage : les parties s'engagent par serment. On coupe en deux les animaux et l'on passe entre les morceaux en prononçant des imprécations contre les transgresseurs éventuels (Jr 34,18). C'est exactement le schéma que reproduit notre récit de la genèse.

En le lisant simplement dans le contexte, il est il est difficile de rentrer dans les perspectives spirituelles du carême. Plaçons-nous dans notre clé de lecture pour y arriver : Dieu à la recherche de l'homme malgré la rupture de l'alliance.

À l'origine de la démarche de Dieu, il y a eu une motivation : la réconciliation. Son contexte d'émergence se rapporte à l'histoire de la création au début de l'humanité. l'homme, ayant été piégé par la malice du démon, a introduit un nouvel élément dans la création , brisant ainsi la relation entre lui et Dieu. Nous connaissons la suite de l'histoire. A un moment donné Dieu a menacé de supprimer la race humaine. Mais par la suite il s'est ravisé : « je ne maudirai plus jamais la terre à cause de l'homme parce que les desseins du cœur de l'homme sont mauvais dès son enfance. Plus jamais je ne frapperai tous les vivants comme j'ai fait. Tant que durera la terre, les semailles et les moissons la chaleur l'été l'hiver, l'harmattan, jour et nuit ne cesseront plus ». Les lois du monde sont rétablies pour toujours. L'homme est de nouveau béni et consacré roi de la création, comme aux origines. Belle leçon d'humanité que la démarche de réconciliation de Dieu qui nous interpelle sur nous-mêmes. Dans notre vie quotidienne, nous connaissons des situations de rupture par rapport à nous-mêmes et par rapport aux autres!

Par rapport à nous-mêmes, il faut reconnaître que quelquefois, nous sommes confrontés à des situations qui nous montrent notre indignité et nos faiblesses humaines au point de créer des déchirures internes et des conflits. De nombreux éléments se combattent en nous. Nous souffrons en nous-mêmes la division. En ces moments nous voyons hors de la zone de couverture des grâces divines. C'est parce qu'il nous a manqué l'effort de réconciliation avec nous-mêmes.

Par rapport aux autres, les situations de rupture sont aussi nombreuses. Nous en faisons l'expérience au quotidien dans nos relations interpersonnelles.
Je pense particulièrement aux situations de rupture qui les couples et les familles de nos jours. Le phénomène devient de plus en plus général dans nos sociétés urbaines. On dirait que son virus nous a été importé de l'Occident. Vous convenez avec moi que chez nous, il y a quelques années la dislocation, la rupture au niveau de gens mariés n'était pas aussi prononcée que nous le constatons aujourd'hui. Les situations de divorce se généralisent. Certaines personnes finissent par s'y accommoder, faute de trouver des solutions aux situations qui engendrent la rupture. Par conséquent nous ramons à contre-courant de la volonté de Dieu exprimée à l'origine de l'humanité.

Les efforts auquel nous sommes invités aujourd'hui, c'est d'une part d'arriver à régler les situations de rupture, de conflit interne que nous vivons dans le silence de notre être intérieur. Nous pouvons aussi nous rendre sensibles aux diverses situations de rupture de relation qui divisent et éloignent de nombreux couples du projet de communion voulu par Dieu pour les hommes. D'autre part, en rentrant dans l'esprit de l'évangile de la transfiguration, nous pouvons choisir de lutter pour retrouver notre image d'enfants de Dieu. Seul Jésus Christ pourra nous la restaurer comme nous le signifie l'Apôtre Paul : « nous attendons comme sauveur le Seigneur Jésus Christ, lui qui transformera nos pauvres corps à l'image de son corps glorieux, avec la puissance qui le rend capable de tout dominer. ».

En cela, tout en demeurant une annonce de sa glorification future, la transfiguration de Jésus nous invite à une transformation de notre être. Nous sommes appelés à être transfigurés toujours davantage par l'action du Seigneur en attendant de l'être totalement avec notre : transformation du regard, transformation du langage et transformation du comportement.

L'eucharistie, le lieu par excellence de l'apprentissage de la vie de communion et de renouvellement, demeure pour nous le meilleur abreuvoir de grâces divines. Puissions-nous en recueillir tout à l'heure les meilleurs fruits spirituels pour nous et pour tous ceux pour qui nous prierons au cours de la célébration.

Dimanche des rameaux et de la passion

Frères et sœurs,

Au moment d'initier ma méditation sur la passion du Christ, j'ai été tenté par deux démarches : l'instauration d'un silence méditatif et l'exploration du terrain théologique relatif à la question avec à la clef les grandes questions du genre : la mort du christ est-elle un sacrifice ? Qui est mort sur la croix ? est-ce Jésus homme ou Jésus Dieu ? le sens de la souffrance du Christ.

Permettez néanmoins que j'ouvre une petite parenthèse théologique sur la souffrance du Christ. Je mesure avec vous le poids de la souffrance du Christ. Mais « je refuse de sacraliser la souffrance comme telle et d'en faire un bien en soi. ». J'épouse pleinement la pensée de Bernard SESBOÜE quand je l'ai rapprochée de certaines manifestations de notre foi. Je me suis demandé ce qui fait notre grand attrait vers les exercices de piété comme le chemin de croix par exemple. Mes analyses m'ont révélé ceci : nous semblons avoir la conviction que c'est au prix de la souffrance que nous aurons le bonheur. C'est du pur jansénisme (hérésie combattue par l'Eglise dans le temps). Le père Yves Marie Congar disait : « ce n'est pas la souffrance de Jésus qui nous sauve. C'est l'amour avec le quel il a vécu cette souffrance ; c'est tout autre chose ». Evidemment, si c'était la souffrance de Jésus qui nous a sauvés, le sens du sacrifice du Christ aurait été perverti. Dieu le Père serait comparable à un certain Agamemnon qui a prétexté des oracles pour sacrifier sa fille Iphigénie (vous lirez avec intérêt, le sacrifice d'Iphigénie de Racine. Je ferme la parenthèse théologique et je nous fais retourner à la genèse des faits. Avant les événements de la croix, il y a eu deux attitudes contradictoires : le désir de Jésus de s'introduire dans la religion juive pour la féconder et en faire une plate-forme pour l'émergence du christianisme et le refus catégorique des autorités juives (chefs des prêtres, scribes, pharisiens spécialistes de la loi).

Bien avant cela, l'homme, au début de la création, avait introduit une nouveauté dans le cours de l'histoire, déstabilisant ainsi l'ordre primitif établi par le souverain créateur. Pour rétablir l'ordre initial déréglé, Dieu choisit d'introduire à son tour une nouveauté en la personne de Jésus Christ.

Jésus reçoit son ordre de mission pour un mandat en territoire juif. Il fallait que les juifs le découvrent et accueillent la nouveauté qu'il est et qu'il apporte. Or il ne vient pas sans changer, bousculer, égratigner les mœurs pour les porter au sommet de leur perfection. Les juifs ne l'ont pas compris. L a plupart se sont montrés féroces et rebelles à l'œuvre de Jésus au point de causer sa mort. Nous venons d'en écouter l'histoire sous sa version solfiée.

Avec le récit nous pouvons conclure que nous venons d'assister à un véritable drame humain. Il prend enfin de compte la forme d'un drame divin puisque son acteur principal est Jésus, Fils de Dieu et Dieu (la dramatique divine de Hans Urs von Balthasar). Au regard du drame, nous voyons se profiler avec une douleur profonde des cas de souffrances humaines dont nous avons été témoins ou victimes. Nous nourrissons un sentiment de commisération, de pitié, et nous fondons en larmes. Et nous avons raison car pour plusieurs personnes la vie est devenue un chemin de croix comme il en avait été question pour Jésus, à un moment de sa vie.

Nous avons parcouru le chemin plusieurs fois déjà depuis le début du carême. Nous l'avons fait de façon plus spéciale aujourd'hui où le dimanche reçoit la marque de l'événement : dimanche des rameaux et de la passion.
Le dimanche des Rameaux et de la passion nous invite alors à méditer sur notre vie de chrétien pour voir si réellement nous avons découvert et accueilli la nouveauté du Christ depuis notre éveil à la foi jusqu'à nos jours.

Saint André de Crète nous y invite dans son Homélie pour le dimanche des Rameaux : « imitons ceux qui allèrent au-devant de lui. Non pas pour étendre sur son chemin, comme ils l'ont fait, des rameaux d'olivier, des vêtements ou des palmes. C'est nous-mêmes qu'il faut abaisser devant lui, autant que nous le pouvons ... pour accueillir le Verbe qui vient, afin que Dieu trouve place en nous... » (Cf. Office des lectures)
C'est l'heure du bilan : chacun de nous est invité examiner l'état actuel de sa foi en se demandant quel bouleversement, quel changement est intervenu dans sa vie depuis lors.

L'Eglise universelle, avec l'illumination particulière reçue du Saint Esprit par le pape Jean XXIII, avait à des moments donnés de son histoire, fait le bilan de son évolution sur le chemin de la foi. Vatican II est depuis 1963 une chance pour l'Eglise. Nombre de ses mœurs avaient connu un renouveau spécial (l'aggiornamento). Il y a une décennie, le continent africain a pris en main sa destinée religieuse en provoquant et en proposant un synode pour évaluer l'état de sa foi (l'évaluation du niveau de la découverte et de l'accueil de Jésus dans ses mœurs).
Aujourd'hui, fort heureusement, des bilans s'élaborent. Certes, des efforts ont été faits pour un meilleur accueil de Jésus Christ chez nous (tout le déploiement théologique et liturgique né et mis en œuvre par la problématique de l'inculturation). Mais il reste beaucoup à faire. La foi en Afrique est toujours confrontée à des réalités existentielles. Certaines sont liées à la souffrance physique et d'autres à la souffrance psychologique et morale : « les diverses peurs qui paralysent les africains, les tétanisent... » et créent un climat de méfiance et d'insécurité permanente. Nous voyons le diable partout.

Par conséquent la vie chrétienne se réduit à un culte de guérison. La mission chrétienne d'évangélisation est de plus en plus considérée comme une chasse au diable. Or, comme le fait remarquer le père Alphonse QUENUM, « Une société qui passe son temps à faire la chasse au démon partout est une société qui ne pourra chasser de ses demeures les vraies causes de ses misères humaines et spirituelles ».

Certes, l'Eglise a le devoir d'être attentive aux désarrois des fidèles. Mais lorsque la mission du Christ finit par être présentée simplement comme celle d'un thérapeute universel il faut s'interroger.

Mardi saint

Dans la série des ouvrages de **Marcel PAGNOL**, de l'Académie Française, il y en a un qui retient l'attention : celle intitulée Judas. Son contenu prend justement en compte le scénario de l'épisode de l'Evangile selon Saint Jean que nous venons d'écouter. **Marcel PAGNOL** joue sur les relations des Apôtres avec leur maître pour faire ses analyses. Avant de les aborder, je sensibilise et je quémande la générosité de votre esprit critique. Pour **Marcel PAGNOL**, Judas était le plus aimé parmi les Apôtres de Jésus, contrairement aux impressions de Jean qui se prend pour le plus aimé. La preuve que Judas était le plus aimé, c'est que c'est à lui que Jésus avait confié la bourse commune. Il était le financier, l'intendant du groupe. Judas, de son côté, était aussi très attaché à Jésus.

À un moment donné de leur vie commune avec le collège apostolique, les déclarations de Jésus avaient commencé à troubler Judas : « l'un de vous me livrera », « c'est celui à qui j'offrirai la bouchée que je vais tremper dans le plat ». Jésus trempe la bouchée, la donne à Judas et lui dit : « ce que tu fais, fais-le vite ». C'était la déclaration la plus bouleversante pour Judas. Il l'avait reçue comme une mission que le Maître lui confiait. Il croyait en la prédestination. Alors il était convaincu que Jésus passerait par son biais pour manifester sa gloire à tout le peuple juif. Il comptait sur la puissance de Jésus, son Maître. Judas, pour cela, était le seul parmi les douze apôtres, à suivre Jésus dans tous les prétoires où l'on le déférait. Il l'avait suivi de bout en bout, attendant d'assister joyeusement à la manifestation de sa puissance qui susciterait une armée invincible pour anéantir ses adversaires. Mais Jésus a fini par mourir sur la croix, contrairement aux prévisions de Judas. Fortement abattu, Judas va se pendre… L'analyse vaut ce qu'elle vaut. **Marcel PAGNOL** a joué sur la relation des apôtres avec Jésus pour faire son interprétation.

J'emprunte la même piste non pour abonder dans son sens, mais pour signifier que chacun de nous a une histoire particulière et personnelle avec Dieu. Cela fait que nous sommes invités à développer une relation conséquente avec lui. Mon histoire avec Dieu est singulière et personnelle. Elle requiert un type de relation qui ne va pas se noyer dans l'expression d'une relation collective à Dieu.

Par ailleurs, au cœur de la multiplicité des relations, Dieu interpelle chacun par son nom et lui révèle ce qu'il est. Il a interpellé Judas pour lui dire : « tu va me livrer ». Il a interpellé Pierre pour lui dire : « le coq ne chantera pas avant que tu m'aies renié trois fois ».

Au cœur de l'Eucharistie, il interpelle aussi chacun de nous. Puissions-nous disposer nos cœurs à entendre ce que nous faisons de lui.

28ème Dimanche ordinaire

Comme toutes choses qui s'assemblent se ressemble, les textes de la liturgie d'aujourd'hui se ressemblent admirablement parce qu'ils s'assemblent pour nous instruire au cours de notre célébration. Ils se ressemblent du point de vue du contenu : le prophète **Elisée** a guéri le général Naaman, malade de la lèpre, dans la première lecture et, dans l'évangile, Jésus guérit dix hommes lépreux. Ils se ressemblent aussi sur le plan de l'enseignement : la conversion du général Naaman qui a expérimenté la miséricorde de Dieu : *« je ne veux plus offrir ni holocauste ni sacrifice à d'autres dieux qu'au Seigneur Dieu d'Israël »* et le volte-face du samaritain qui se confond et fond en action de grâce et qui reçoit l'hommage de Jésus : *« ta foi t'a sauvé »*. Ils se ressemblent également de par le mode et les moyens de la guérison : 7 plongeons dans le Jourdain et l'application du rituel de purification par le prêtre selon la prescription de la loi de Moïse. Là aussi il est question de plonger un oiseau vivant dans le sang d'un autre oiseau immolé. Après quoi, le prêtre fait 7 aspersions sur l'homme à purifier de la lèpre. (cf. Lv. 14). Il fallait tant de précautions à cause des conceptions et des interdits qui entouraient la lèpre. Pour les habitudes et la juridiction juives, la lèpre est une impureté contagieuse. Elle entraîne une exclusion pure et simple de la communauté jusqu'au moment de la guérison. Plus qu'une rupture sociale, la situation du lépreux donnait lieu à de multiples interrogations sur sa vie de relation avec Dieu. C'est d'ailleurs pour cela qu'il était exigé au lépreux guéri un sacrifice pour le péché. Pour les deux expériences de guérison, la foi a été mise en rapport avec une situation matérielle.

Nous n'allons pas oublier que dans sa vie et son ministère, Jésus a été sensible aussi bien à la santé du corps qu'à celle de l'âme. (Je ne sais pas si j'exagère en disant qu'il a d'abord été sensible à la santé du corps). Avec lui, le rapport : foi et situation matérielle s'articulent harmonieusement. Dans bien de cas, il a fait des injonctions conséquentes aux malades qu'il guérissait : *va, ta foi t'a sauvé*, ou *va, désormais ne pèche plus* ou encore, *chez personne en Israël je n'ai trouvé une telle foi*.

En lisant et en relisant les textes, je n'ai pu m'empêcher de penser à notre foi d'africain qui est, de toujours, confrontée aux situations matérielles que nous vivons. J'en parle parce que dans bien des cas, c'est au nom d'une guérison matérielle que beaucoup de chrétiens ont décidé d'affirmer, de consolider leur foi et de l'exprimer avec conviction et engagement.

Mais c'est aussi au nom d'un manque de guérison que beaucoup de chrétiens ont perdu leur foi, par option ou par fourvoiement, parce qu'ils cherchent le visage de Dieu dans leur situation matérielle concrète et ne le trouvent pas.

J'aime bien les réflexions du prêtre camerounais **Jean Marc ELA** qui va dans le même sens. Il propose que nous relisions la Bible de l'intérieur de nos sociétés « *en nous inscrivant dans les réalités de la vie quotidienne...* ». Il le dit parce que « *depuis le temps de l'esclavage, le christianisme n'a vu en Afrique que des païens dont il fallait sauver l'âme de l'emprise de Satan* ». Mais aujourd'hui, il faut apprendre « *à découvrir le pauvre à partir duquel on doit relire l'évangile afin de lui révéler le Dieu qui libère* ».

Pasteurs, futurs pasteurs, religieuses et fidèles du Christ, nous sommes tous interpellés à le faire. Nous le ferons avec succès en épousant la perspective de Paul.

L'apôtre nous apprend aujourd'hui à ne pas entrevoir le salut en dehors de l'auteur du salut. C'est peut-être là la cause majeure du non enracinement et de l'aspect hybride de la foi du chrétien africain. Paul nous invite à faire anamnèse : « *souviens-toi de Jésus Christ* ». Paul n'est que le relais de Jésus-Christ lui-même qui avait déjà dit à la dernière Cène : *Faites ceci en mémoire de moi* pour nous amener à le fixer comme racine pivotante de toute notre vie de foi. Nous sommes à la fin de notre retraite de début d'année. Nous avons été longuement abreuvés à la source de Jésus Christ par diverses instructions autour du thème de la disponibilité, de la liberté et du service. Nous nous voyons, dans le cadre de la célébration eucharistique qui la clôture, embarqués dans l'une des perspectives de la tâche missionnaire pour laquelle nous voulons nous dédier.

Puissions-nous en recueillir les meilleurs fruits et les grâces nécessaires pour notre vie d'aujourd'hui et de demain.

31ème Dimanche ordinaire

Une lecture profane de l'extrait du livre de la sagesse montre Dieu comme auteur, propriétaire, gestionnaire et principe animateur de la création. L'esprit athée y verrait de la fabulation religieuse ou un pur produit de l'imagination. L'esprit scientifique se trouverait heurté et brandirait les thèses du créationnisme et de l'évolutionnisme. Mais pour l'esprit croyant, c'est Dieu qui a crée l'homme et le monde. Il a tissé une relation particulière avec l'homme et l'a inscrite dans une histoire qu'il se charge de conduire lui-même.

Les textes de la liturgie d'aujourd'hui sont de ceux qui retracent implicitement l'histoire de la relation entre Dieu et les hommes, l'histoire sainte, l'histoire du salut. En les parcourant, nous voyons Dieu dans son projet de salut pour l'homme. Souvenons-nous de l'état du monde avant l'historique péché d'Adam (cf. Office des Lectures de la veille : livre de la Sagesse et *Dialogue de Sainte Catherine de Sienne sur la Providence*). Il y avait comme un contrat de salut entre Dieu et l'homme.

C'était la sécurité totale, la paix, le bonheur, bref, le paradis. Mais avec la mauvaise gestion de sa liberté, l'homme a résilié le contrat de salut. Malgré cela, Dieu a maintenu son projet de salut. À partir des textes, nous nous rendons compte qu'il manifeste à l'homme attention responsable pour l'amener à rentrer de nouveau dans son plan de salut : il compte sur la possibilité de conversion des hommes : « *tu fermes les yeux sur leur péchés pour qu'ils se convertissent...tu n'aurais pas créé un être en ayant de la haine envers lui... ceux qui tombent, tu les reprends peu à peu, tu les avertis, tu leur rappelles en quoi ils pèchent, pour qu'ils se détournent du mal et qu'ils puissent croire en toi, Seigneur...* ». Mais ne concluons pas trop tôt que Dieu côtoie le péché. L'hagiographe dira qu'il aime le pécheur mais qu'il réprouve le péché. En fait, Il ne fait que montrer qu'il assume entièrement ses responsabilités de Père malgré la chute de l'homme. La paternité responsable de Dieu attend toujours patiemment le retour au bercail du dernier des pécheurs. C'est la grâce particulière dont Zachée le publicain a bénéficié de la part de Jésus dans l'évangile. Nous le voyons recueillir le salut et la bénédiction de Dieu pour lui et sa famille : « *aujourd'hui, le salut est arrivé pour cette maison* ». Cela a été possible parce que Zachée a construit un dessein qui a rejoint celui de Dieu. Le plan de salut de Dieu a trouvé en lui un terrain d'accueil. Son expérience nous révèle que lorsque le plan de salut intervient, il bouscule les mœurs. Zachée a été bousculé du point de vue comportement. Il s'est vite trouvé des aptitudes et des qualités d'athlète : « *Il courut ...en avant et grimpa sur un sycomore pour voir Jésus qui devait passer par là* ». Il est aussi devenu brutalement charitable : « *voilà Seigneur : je fais don aux pauvres de la moitié de mes biens* ». Il a lui-même bousculé les mœurs de sa société, la société juive du temps. Il était un publicain. Noël QUESSON dit du publicain que « *c'est le pécheur-type : l'image même de la déchéance morale. Chargés de percevoir les impôts, ils extorquaient le plus d'argent possible, et en gardaient beaucoup. C'étaient des super-riches...* ». Il n'est pas évident qu'une charité désintéressée vienne d'un publicain. Après sa rencontre avec Jésus, non seulement Zachée n'était plus publicain. Sa conversion a plutôt bousculé tout un comportement social.

Frères et sœurs, l'Eglise nous apprend aujourd'hui que le plan de Dieu devra bousculer nos habitudes surtout lorsqu'elles présentent des traits d'incompatibilité avec l'idéal évangélique. Celle que j'ai ciblée relève d'une pratique de notre société africaine moderne. C'est justement la belle leçon de la paternité responsable de Dieu dont il est question dans la première lecture qui me l'a inspirée. Il s'agit de la paternité irresponsable.

Il suffit d'être un observateur attentif de notre société africaine moderne pour constater que de plus en plus, nos familles se désagrègent et se disloquent à cause de la paternité irresponsable. Une fois ou l'autre, j'ai questionné un enfant ou l'autre, après un certain nombre de constats tristes : « *Où est ton papa* » ? « *mon papa n'est pas avec ma maman* ». Une fois aussi, une jeune fille, au bord du gouffre, m'a confié ceci : « *je ne suis pas prêtre à pardonner à mon papa* ». Une bonne statistique nous donnera de constater que les ¾ environ de nos foyers sont amputés de la partie paternelle. L'un ou l'autre parmi nous est probablement issu d'un pareil cadre familial et mesure, dans toute sa lourdeur, le poids de la situation.

La plupart d'entre nous, de toutes les façons, en ont été témoin une fois ou l'autre, pas acteur, heureusement !.

Nous avons dû rencontrer, écouter et soutenir des enfants qui ont été abandonnés par leur père, laissant la jeune dame se débrouiller toute seule pour affronter la double responsabilité de père et de mère. La famille écrêtée, vivote, triste, malheureuse pâmée de douleur. Ce sont des situations qui ne glorifient pas Dieu.

Saint Paul dans la deuxième lecture demande que notre Seigneur Jésus Christ ait sa gloire en nous et nous en lui. Malheureusement, nous entretenons des habitudes qui éloignent de nous la gloire de Dieu.

Nous avons aujourd'hui l'occasion de nous rappeler chacune des situations familiales analogues que nous avions rencontrées sur notre parcours. Nous les porter au cœur de l'Eucharistie. Dieu lui-même se chargera de les soulager.

Et pour que le plan de salut de Dieu ait son effet sur chacun de nous, laissons-nous aussi bousculer pour l'accueillir favorablement.

1er novembre : Toussaint

Frères et sœurs, parmi les saints que nous fêtons solennellement aujourd'hui, il y a ceux qui ont vécu et dont nous faisons une lumineuse mémoire. Ce sont d'une part les nouvelles recrues dans le Royaume, membres du peuple d'Israël, les 144 mille qui se sont montrés vaillants confesseurs de leur foi au plus fort des persécutions. Ils ont été marqués de l'insigne de sainteté, avant la dévastation de la terre, pour avoir suivi la charte de la sainteté dans son article le plus sanglant : *heureux ceux qui sont persécutés pour la justice : le Royaume des cieux est à eux*. Ce sont d'autre part, les foules immenses de nations diverses, fraîchement sorties de l'épreuve de purification et venues recueillir leur récompense. Nous pouvons y dénombrer « *les saints de nos familles* » **Daniel-Ange**, de nos généalogies, « *tous nos ancêtres* », nos parents, nos frères et sœurs, les intrépides pionniers de l'implantation de l'Eglise dans nos villages qui nous ont précédés dans le Royaume. Nous sommes les enfants « *de leurs larmes, de leur prière* » **Daniel-Ange**. Le prêtre, la religieuse, le séminariste et même le chrétien que nous sommes est sûrement la réponse à l'amour d'une grand-mère inconnue, égrenant son chapelet « *au soir d'une longue journée de labeur dans les champs*» **Daniel-Ange**.

Je me réapproprie la prière d'ouverture pour demander à Dieu des grâces particulières par l'intermédiaire de quelques uns d'entre eux :

« *Dieu éternel et tout puissant, tu nous donnes de célébrer dans une même fête la sainteté de tous les élus. Puisqu'une telle multitude intercède pour nous, réponds à nos désirs, accorde-nous largement tes grâces* ».

Que par l'intercession de **Saint Médard**, patron des ***agriculteurs***, nous connaissions une heureuse alternance des saisons et que les greniers de nos fermiers se remplissent pour que les frontières de la famine s'éloignent complètement. **Saint Charlemagne** est le patron des ***écoliers*** et **sainte Catherine** la patronne des ***étudiants***. Qu'ils veuillent bien se pencher suffisamment sur le sort de nos écoliers et de nos étudiants. Ils sont au courant de la crise que nous traversons actuellement dans le pays. Puissent-ils plaider pour la conciliation des diverses sensibilités en vue de l'extinction des divers foyers de tension. **Saint Côme**, patron des ***médecins*** voudra bien réimprimer au cœur de nos agents de santé le serment d'Hippocrate et bannir des mœurs la propension à l'avortement. Nous demandons à **Saint Christophe**, patron des ***conducteurs d'automobile***, de discipliner et de conscientiser tous les chauffeurs sur les routes. Nous compterons sur **Saint Eloi**, le patron des ***horlogers*** pour que les montres des africains commencent à marquer l'heure juste et que le temps soit de plus en plus sacré pour eux. Lorsque nous avons imploré leur intercession sur nous, nous requérons en même temps la force du Saint Esprit sur nous pour que leurs actions dans nos vies trouvent un terrain fertile qui ne fasse pas écran à la grâce de Dieu. Nous voulons aussi, à l'occasion de la fête de tous les saints, rendre un hommage vibrant au 1er saint de l'histoire de l'humanité : le bon larron. Depuis qu'il a été canonisé, directement par Dieu lui-même, nous savons que même l'assassin le plus attitré, le gangster le plus invétéré et, finalement, le pécheur le plus abject, peuvent devenir saints.

Sûrs de cela, nous demandons à Dieu de toujours éveiller en nous le potentiel de sainteté que nous portons.

AMEN

2 novembre : commémoration des fidèles défunts

Frères et sœurs,

A vrai dire, si les scientifiques pouvaient explorer l'au-delà pour en percer les secrets, ils le feraient à l'instant même. (limites de la science et par conséquent de l'homme). Les performances de l'électronique (les N.T.I.C.S.) n'ont pas encore dépassé le cyberespace. Autrement, il y a longtemps que nous communiquerions avec les morts pour nous renseigner au sujet de l'au-delà. Nous aurions connu l'E.Mail de l'au-delà. En réalité, Dieu seul peut nous parler de l'au-delà. Il nous en parle aujourd'hui où l'Eglise nous invite à nous souvenir de nos défunts.

La pratique de la commémoraison des fidèles défunts a son origine dans l'histoire religieuse d'Israël. Nous la lisons dans le deuxième livres des Maccabées.
Il rapporte au chapitre 12 la guerre de libération conduite par Judas Maccabée, leader charismatique des juifs au moment le plus crucial de leurs persécutions. Après l'une de ses batailles, Judas découvre sous la tunique de chacun des juifs morts au front des objets consacrés aux idoles. Pour lui et ses compagnons, ils avaient donc violé la Loi par leur idolâtrie. Et c'est à cause de cela qu'ils sont morts ! Alors Judas propose en leur faveur une prière pour demander à Dieu de les purifier.

Ensuite il organise une quête, l'envoie à Jérusalem, et demande qu'un sacrifice soit offert à leur intention. La suite du texte conclut : « *s'il n'avait pas espéré que les soldats tombés dussent ressusciter, il était superflu et sot de prier pour les morts, et s'il envisageait qu'une très belle récompense est réservée à ceux qui s'endorment dans la piété, c'est là une pensée sainte et pieuse* ».

Cela nous motive à redoubler de pitié et de compassion pour les défunts de nos familles, pour nos amis défunts.

Elles sont nombreuses, les âmes qui attendent l'intercession des vivants pour bénéficier de la félicité éternelle.

Mais il convient aussi de se faire une idée claire de la mort et de l'au-delà pour mieux rentrer dans l'optique de la prière pour les défunts. Différentes conceptions entourent la mort.

Les européens ont une conception nébuleuse de la mort : « *notre rapport à la mort est complexe et ambigu* » **Mgr Michel DUBOST**. Il a tenté d'expliquer son affirmation en mettant à contribution la connaissance qu'il a de sa culture et ses expériences de pasteur.

Je pense personnellement que l'ambiguïté et la complexité de la mort pour les européens se comprend parfaitement. L'occident veut tout connaître et tout expliquer par la science. Alors elle tente de maîtriser aussi bien la vie que la mort. Mais la mort échappe à ses paramètres. Elle ne peut pas y faire face. Alors il cherche à la refouler. Comme le disent les philosophes français, « *notre société a mis la mort de côté* ». Les attitudes, les opinions qu'elle affiche face à la mort le montrent. Voici ce que **Monsieur Edouard BALLADUR** avait déclaré face à l'hécatombe entraînée par la guerre du Golfe : « *Faites ce que vous voulez, mais je ne veux pas de cérémonies aux Invalides* ».

Sa déclaration est lourde de sens et rend compte à peu près du non rapport que les vivants entretiennent avec la mort.

Les africains ont une conception tout autre.

« *Les morts ne sont pas morts... Ceux qui sont morts ne sont jamais partis. C'est le souffle des ancêtre...* ». C'est une conception vitale de la mort.

Nous qui avons un sens vital de la mort, nous avons beaucoup de chances de rentrer dans la problématique de la résurrection. Il nous suffira d'évangéliser notre conception de la mort pour y arriver. Si les africains que nous sommes croyons que les morts ne sont pas morts, c'est parce que nous sommes convaincus que les âmes des morts ont quitté tout simplement leur corps pour rejoindre un autre monde, un autre univers. Nous pensons que ce sont les ancêtres qui accueillent les âmes des défunts. Mais la pensée chrétienne nous aidera à féconder notre conception. Elle nous permettra de comprendre qu'il ne s'agit pas d'un monde quelconque, anonyme, d'un univers vague. C'est déjà un pas vers la croyance en la résurrection. Nous pouvons en marquer un autre en nous demandant le lieu de résidence des ancêtres. En cherchant, nous trouverons qu'ils sont dans la demeure que Dieu, celle que Jésus a préparé pour les élus et dont Jean nous parle dans l'évangile.

Que la Vierge Marie, par qui les portes du Ciel peuvent nous être ouvertes intercèdent pour nos défunts pour que Dieu les accueille dans sa Demeure et pour nous afin que notre vie soit agréable à ses yeux.

Jeudi de la 31ème semaine ordinaire

Les propos de Paul s'enracinent dans un contexte religieux et culturel précis : la religion juive avec tout son héritage juridique et tous ses courants de pensée.

L'apôtre veut renforcer les Philippiens dans la solidité de la Bonne Nouvelle qu'il leur a annoncée. Il le fait pour barrer la route à d'autres annonciateurs de l'évangile.

Au moment des faits, beaucoup de juifs se réclamaient de la vraie parenté de Dieu en prenant appui sur la Loi de Moïse. Pour eux, les membres du peuple de Dieu sont ceux qui plaçaient leur confiance dans les valeurs charnelle c'est-à-dire ceux qui se mettaient sous le régime de la Loi. Il n'est pas question de chercher d'autres points de mire religieux en dehors de la Loi de Moïse.

Paul lui-même a été longtemps sous le régime de la Loi. Il était un grand héritier de la tradition juive pour avoir été taillé sur la mesure de **Gamaliel**, le grand Rabbin. Il détient tout le capital juridique de la religion juive. Mais par la suite il a fait l'expérience de la rencontre décisive avec Jésus sur le chemin de Damas. Il a eu par conséquent un cheminement spirituel complet. Alors, il ne peut pas tolérer les courants de pensée qui prétendaient entretenir la meilleure relation avec Dieu. Il se permet d'établir les critères d'appartenance à la parenté de Dieu : « *le peuple de Dieu, celui de la vraie circoncision, c'est nous, nous qui adorons Dieu selon son Esprit, nous qui mettons notre orgueil dans le Christ Jésus et qui ne plaçons pas notre orgueil dans les valeurs charnelles* ».

De nos jours aussi, les mouvements religieux essaiment partout. Tous se réclament de la parenté de Dieu. Il y a un grand risque de confusion, de communionisme et d'unionisme profilé par les réflexions du genre : *puisque nous invoquons le même Dieu, nous sommes les mêmes.*

Il nous faut combattre littéralement de tels courants de pensée puisque Paul nous apprend qu'il y a des critères d'appartenance à la parenté de Dieu. Le critère fondamental c'est Jésus Christ lui-même, historique transhistorique, qui a fondé son Eglise, en a inspiré les structures et qui continue de s'y manifester dans la Présence Eucharistique.

Que la célébration de l'Eucharistie renforce nos convictions d'Eglise pour que nous ayons, imprimé en nous, les vrais critères d'appartenance à la parenté de Dieu.

Mardi de la 33ème semaine ordinaire

Hier seulement, nous avons commencé à lire l'Apocalypse de Saint Jean. Nous en aurons une lecture continue jusqu'à la fin de la semaine, restant sauves la discontinuité et la rupture que vont introduire la Dédicace des Basiliques de Saints Pierre et Paul et la Présentation de la Vierge Marie au Temple de Jérusalem. J'avoue que parmi les textes du Nouveau Testament, l'Apocalypse de Saint Jean est l'un des plus difficiles de compréhension. Mais le message qu'il véhicule devrait nous porter à aller à un niveau de compréhension plus élevé pour en percevoir le message dans son authenticité. Sinon nous pouvons simplement l'écouter comme une vision quelconque, une prémonition, un songe retranscrit. Au fond, l'enseignement de l'Apocalypse est lié à toute une psychologie, à tout un esprit, à toute une vie. Pour cela, je me permets de nous plonger dans son contexte historique pour que nous en percevions l'objectif. Le contexte de l'Apocalypse est un contexte de persécution. Nous sommes en Asie Mineure, à la fin du premier siècle, au temps de l'empereur romain **Domitien**. Selon les historiens, il était très cruel face au culte juif et chrétien. En terme de cruauté, il rivalisait avec **Néron**. Demeuré dans l'esprit du culte impérial de son temps, **Domitien** voulait se faire reconnaître comme dieu de son vivant. Une des lois impériales stipulait qu'un sacrifice devait être offert devant la statue de l'empereur. *« des sept villes mentionnées par le Voyant de l'Apocalypse, cinq au moins sont connus comme ayant possédé un sanctuaire du culte impérial : Ephèse, Smyrne, Pergame, Sardes, Philadelphie »*. Face au pouvoir impérial qui se divinisait et qui exigeait que l'empereur fût adoré comme dieu, deux attitudes étaient possibles : rester chrétien, ferme dans la foi mais être déclaré ennemi à combattre et à abattre, pour athéisme contestataire, ou s'associer au culte impérial pour avoir la paix.
Il y a eu justement les deux types de réaction à Sardes selon ce que rapporte la première lecture : *« …Chez toi à Sardes, il y en a quelques uns qui n'ont pas sali leurs vêtements »*. En plus du culte impérial, il y avait aussi le danger du syncrétisme, le danger de la prostitution avec les dieux du paganisme, qui menaçait toutes les Eglises de l'Asie Mineure. Il est clair que les communautés chrétiennes risquaient de ne pas demeurer dans la ligne de leur pure tradition. Or c'était l'Eglise de l'ère apostolique, fraîchement fondée par les Apôtres, Paul, surtout, et sa suite. Il leur fallait de la poigne, de la détermination, pour ne pas compromettre et contredire tout l'héritage religieux qu'ils avaient reçu directement des Apôtres de Jésus Christ.

Au moment des faits, Jean était lui aussi exilé à Pathmos d'où il a eu des visions prophétiques. Il avait reçu pour mission de raviver la vigilance des néophytes, d'inviter à une confession de foi imperturbable, au martyre et de menacer les partisans du laxisme, désireux de conjuguer la foi chrétienne avec les pratiques de l'idolâtrie. Il le fait sur un ton sévère pour ceux parmi les chrétiens qui biaisaient avec leur foi : *« …je connais ta conduite (Eglise qui est à Laodicée) : tu n'es ni froid ni brûlant. Mieux vaudrait que tu sois ou froid ou brûlant… Le vainqueur, je le ferai siéger près de moi sur mon trône… »*.

L'apocalypse de Jean est tout à fait actuel malgré ses racines historiques. Nous n'avons qu'à constater les multiples facteurs qui nous menacent dans la réelle expression de l'authenticité de notre foi. Que Dieu nous accorde les armes nécessaires pour le combat contre les opinions, les soucis, les conduites, les situations de vie et les personnes qui compromettent notre foi.

Mercredi de la 33ème semaine ordinaire

« ...*Un trône dressé dans le ciel. Sur le Trône siégeait quelqu'un... Du Trône, sortent des éclairs... sept torches enflammées brûlaient devant le Trône...Devant le Trône, il y a comme une mer,... En face du Trône et autour de lui, quatre Vivants, ayant des yeux innombrables en avant et en arrière* ».

Nous avons commencé à lire l'Apocalypse de Saint Jean. J'avoue que parmi les textes du Nouveau Testament, l'Apocalypse est l'un des plus difficiles d'abord et d'accès. Son genre littéraire n'est pas usuel et son contenu semble nébuleux. Il faut un effort pour accéder à un niveau de compréhension plus appréciable. Sinon nous allons simplement l'écouter comme une vision quelconque, une prémonition, un songe retranscrit, un fait divers mystificateur. Au fond, l'enseignement de l'Apocalypse est lié à toute une psychologie, à tout un esprit, à toute une vie. L'Apocalypse a des racines historiques. Je me permets de nous plonger dans son contexte historique pour que nous en percevions davantage l'enjeu.

Le contexte de l'Apocalypse est un contexte de persécution. Nous sommes en Asie Mineure, à la fin du premier siècle. C'était la période historique de l'empereur romain **Domitien**. Selon les historiens, il était très féroce par rapport au culte juif et chrétien. En terme de cruauté, il rivalisait avec **Néron**. **Domitien** voulait se faire reconnaître comme dieu de son vivant, comme le voulait l'esprit du culte impérial de son temps. Une des lois impériales stipulait qu'un sacrifice devait être offert devant la statue de l'empereur. « *Des sept villes mentionnées par le Voyant de l'Apocalypse, cinq au moins sont connus comme ayant possédé un sanctuaire du culte impérial : Ephèse, Smyrne, Pergame, Sardes, Philadelphie* ».

Face au pouvoir impérial qui se divinisait et qui exigeait que l'empereur fût adoré comme dieu, deux attitudes étaient possibles : rester chrétien, ferme dans la foi, mais être déclaré ennemi à combattre et à abattre, pour athéisme contestataire, ou s'associer au culte impérial pour avoir la paix. En plus du culte impérial, il y avait aussi le danger du syncrétisme, le danger de la prostitution avec les dieux du paganisme, qui menaçait toutes les Eglises de l'Asie Mineure. Il est clair que les communautés chrétiennes risquaient de ne pas demeurer dans la ligne de leur pure tradition et de leurs pratiques religieuses. Or c'était l'Eglise de l'ère apostolique, fraîchement fondée par les Apôtres, Paul, surtout, et sa suite. Il leur fallait de la poigne, de la détermination, pour ne pas compromettre et contredire tout l'héritage religieux qu'ils avaient reçu directement des Apôtres de Jésus Christ. Au moment des faits, Jean était lui aussi exilé à Pathmos d'où il a eu des visions prophétiques.

Il avait reçu pour mission de raviver la vigilance des néophytes, d'inviter à une confession de foi imperturbable et au martyre et de menacer les partisans du laxisme, désireux de conjuguer la foi chrétienne avec les pratiques de l'idolâtrie.

L'apocalypse de Jean est tout à fait actuel malgré ses racines historiques séculaires. Nous n'avons qu'à constater les multiples facteurs qui nous menacent dans la réelle expression de l'authenticité de notre foi. Que Dieu nous accorde les armes nécessaires pour le combat contre les opinions, les soucis, les conduites, les situations de vie et les personnes qui compromettent notre foi.

Jeudi de la 33ème semaine

Dédicace des Basiliques des apôtres Saint Pierre et de Saint Paul

En célébrant la Dédicace des Basiliques des apôtres Saint Pierre et de Saint Paul, nous ne mettrons pas le point d'honneur sur l'architecture des églises construites de mains d'hommes. Elles sont des entreprises humaines sujettes aux intempéries spatio-temporelles. L'histoire nous prouve d'ailleurs que les basiliques dont il est question ont connu deux phases d'édification. La première se situe au lendemain de la paix constantinienne, aux alentours de 313, au IVème s. La deuxième a eu lieu bien plus tard, au XVIème s. pour Saint Pierre et au XIXème s. pour Saint Paul.

La célébration de la Dédicace des basiliques est plus sérieuse que la contemplation d'un chef-d'œuvre humain si attrayant soit-il. Si c'était le cas, nous pouvions tout au plus nous contenter d'une célébration abstraite et fictive, faute d'avoir sous les yeux les édifices en question. Nous sommes plutôt renvoyés aux premiers siècles de l'Eglise. Nous voyons les tombeaux des martyrs qui ont été l'objet de vénération par les chrétiens. Nous constatons surtout que partout où le christianisme avait passé, la communauté locale venait célébrer l'Eucharistie sur les tombes au jour anniversaire du martyre pour signifier le lien profond entre le sacrement et le martyre. Nous reconsidérons, par ailleurs les deux apôtres Pierre et Paul. C'est vrai que la circonstance nous oblige à voir la tombe de Pierre sur la colline du Vatican et de Paul sur la voie d'Ostie, recevant toutes les vénérations possibles et accueillant ensuite les pierres et les autres matériaux de construction des basiliques. Mais au-delà du matériel esthétique, nous percevons plutôt deux personnalités apostoliques qui se complètent et qui donnent à l'Eglise, chacune pour sa part, une marque spécifique. Pierre, le lacustre, le pêcheur fuyard, le fougueux, l'inconditionnel des heures décisives de Jésus, l'homme des questions stratégiques et des expériences périlleuses :

« *Seigneur si c'est bien toi, ordonne-moi de venir vers toi sur l'eau !* » !

Pierre est surtout l'intrépide confesseur de la foi en Jésus-Christ, le prince des apôtres, le fondement de l'Eglise. Paul, disciple de Gamaliel, intelligent, génie parmi ses pairs, versé dans le judaïsme pur, garant de la tradition juive et féroce contre l'apostasie et l'abjuration.

Il est aussi le malheureux voyageur du chemin de Damas, victime d'une aventure traumatisante. Il est finalement le juif qui a su opérer parfaitement le grand passage entre le régime de la loi et celui de la grâce, celui qui a su transiter harmonieusement par le judaïsme pour aboutir au christianisme.

Il est le prisonnier locataire, pour deux ans, en détention préventive, du logis de la prison de Rome et qui continuait de remplir vaillamment sa mission de curé et d'enseignant : « *...Il recevait tous ceux qui venaient le trouver, proclamant le Royaume de Dieu et enseignant ce qui concerne le Seigneur Jésus avec assurance et sans obstacle...* ». Par sa doctrine, il a conduit les croyant dans la profondeur du mystère de Dieu, Père, Fils et Saint-Esprit.

Lorsque nous célébrons les deux piliers de l'Eglise, nous interpellons le potentiel apostolique de chacun de nous. Nous sommes de la ribambelle qui fourmille dans nos villages, initiés très tôt aux travaux champêtres, à la chasse et à la pêche, mais aujourd'hui pleins de vigueur et d'avenir pastoral et apostolique. C'est de nous que l'Eglise a besoin pour rallonger la mission de Pierre et de Paul.

Oui, je veux morebooks!

I want morebooks!

Buy your books fast and straightforward online - at one of the world's fastest growing online book stores! Environmentally sound due to Print-on-Demand technologies.

Buy your books online at
www.get-morebooks.com

Achetez vos livres en ligne, vite et bien, sur l'une des librairies en ligne les plus performantes au monde!
En protégeant nos ressources et notre environnement grâce à l'impression à la demande.

La librairie en ligne pour acheter plus vite
www.morebooks.fr

OmniScriptum Marketing DEU GmbH
Heinrich-Böcking-Str. 6-8
D - 66121 Saarbrücken
Telefax: +49 681 93 81 567-9

info@omniscriptum.com
www.omniscriptum.com

www.ingramcontent.com/pod-product-compliance
Lightning Source LLC
Chambersburg PA
CBHW020811160426
43192CB00006B/522